基礎法学と要件

法科大学院要件事実教

伊藤滋夫 [編]

日本評論社

はしがき

　法科大学院要件事実教育研究所は、2017年11月25日に創価大学において、「基礎法学と要件事実・講演会」を開催しました。本書は、同講演会のための講演レジュメ、コメントなどとともに講演会における講演・コメント・質疑応答などのすべてを収録したものであります。

　法科大学院要件事実教育研究所は、本講演会を開催するに当たって各方面にお出しした案内状において、本講演会開催の趣旨を次のように述べています。

　「要件事実論における重要な課題として、裁判における主張立証責任対象事実の決定基準をどう考えるべきかの問題があります。この主張立証責任対象事実の決定のための最終的基準は立証の公平（立証責任の負担の公平と同じ意味です）に適うことであると考えられます。

　しかし、この『立証の公平』というものについては、すべての法的価値判断がそうであるとはいえ、極めて多様な意見がありうるところであります。一般には、当該実体法のあるべき制度趣旨が立証ということが問題となる裁判の場において、最も適切に実現できるようにすることが『立証の公平』に適うとされていると思われます（もちろん、そのようにいうこと自体についても、多様な意見がありうるところであります）が、その『あるべき』制度趣旨というものをどのように把握するかということも、もとより容易には決め難い大問題であります。これに関連して、立法当時と当該法律の適用される現在とで、市民の法意識などが著しく変化した場合にどのように考えるべきかといった問題も、ここで無視することはできません（裁判上の離婚原因に関して、最高裁がかつての有責主義から（消極的）破綻主義へと考え方を変えたのも、以上のような問題と密接に関係していると思われます）。また、要件事実論では、民法などの実体法の規範構造を『原則・例外』といった階層構造として捉え、そうした実体法の規範構造を立証ということが問題となる裁判の場においてどのように考えるべきか

という思考方式を採るのが普通であります。

　以上のような、要件事実論の検討対象・検討方法の諸問題のどれ一つをとっても、基礎法学との協働なくしては、十分な検討をすることはできません。

　そこで、本年度は、基礎法学（主として、法哲学、法社会学）の分野における優れた業績を挙げておられる研究者・実務家の各位を講師・コメンテーターとしてお迎えし、『基礎法学と要件事実』というテーマで講演会を開催することといたしました。」

　もとより、私ども法科大学院要件事実教育研究所の関係者も、基礎法学と要件事実論の関係については、上記のような問題のみでなく、他にも多くの問題があることは承知しており、上記説明は一つの例示でしかなかったわけでありますが、実際に講演会を開催してみますと、そこでの関係各位のご発言内容は、上記にとどまらず、さまざまな立場から、まことに多様で充実したものがありました。法哲学、法社会学、それらをも念頭に置いた実務の知恵など、多くの深い叡智と実践的賢慮がにじみ出たご報告・コメント・質疑応答がありました。

　さまざまな具体的事案を念頭に置いて考えられている要件事実論に対して、基礎法学が一義的な示唆を与えてくれるということは、その性質上期待の困難なものではありましょうが、本講演会を通じて、多くの示唆が与えられたものと考えます。今後の要件事実論（関連して、事実認定論）の充実と発展に、本講演会が大きな役割を果たすことができたと存じます。

　本書が、要件事実論に関心を持ち、それを研究し又は実践している多くの方々にとって非常に有益な一書として、多くの読者各位に本書の意義が理解されて、活用されることを心から願っています。

　本講演会が、このような形で結実することができたのは、ひとえに、多大のご尽力を賜った講師・コメンテーター・参加者の皆様のお陰であり、この機会をお借りして、心から厚く御礼を申し上げます。

　なお、巻末に山﨑敏彦教授及び青山学院大学大学院法務研究科助手の永井洋士氏によって作成された「要件事実論・事実認定論関連文献2017年版」も収録されています。重要な資料としてご参照いただければ幸いであります。

　本書が、このような形で世に出るにいたるまでには、講師・コメンテータ

一・参加者の各先生のほかにも、一々お名前を挙げることはできないほど、実にさまざまな方々にご支援をいただきました。また、従来と同じく引き続き、日本評論社の中野芳明氏及び毛利千香志氏の一方ならぬお世話になりました。ここに記して、そうした皆様方に深い謝意を表する次第であります。

2018年3月
　　法科大学院要件事実教育研究所顧問　　伊藤滋夫

基礎法学と要件事実──目次

はしがき　i

基礎法学と要件事実・講演会　議事録 ─────────────── 1
  講演会次第　2
  参加者名簿　3
  ［開会の挨拶］　4

［講演1］吉良貴之　6
要件事実の存在論と認識論
  0.　自己紹介　6
  1.　はじめに：本報告で行うこと　6
  0.1　報告者の立場　9
  2.　存在論から考える──「神の視点」は必要か？　12
  2.1　分析形而上学における時間論　13
  2.1.2　時間論の法的関連性　15
  2.2　現在主義の法的課題　18
  2.2.1　証拠現在主義──世界と我々をつなぐものとしての「証拠」　18
  3.　「証拠」の法哲学／科学哲学　19
  3.1　統合科学としての証拠論　21
  4.　まとめ　22

［講演2］飯田　高　23
立証責任の分配基準を求めて
法と経済学の視点から
  第1　はじめに　25
  第2　経済学的視点　27
  第3　経済学からみた立証責任の分配(1)：訴訟コストの最小化　31
  第4　経済学からみた立証責任の分配(2)：行為のコントロール　35
  第5　小括：経済学的アプローチの意義　38

第6　課題と今後の展望　41
　　第7　おわりに　43

　[講演3] 河村　浩　44
　法の解釈において基礎とされるべきもの
　要件事実の決定における実務家の悩み

　　1　はじめに　45
　　2　法の解釈──要件事実の決定──において基礎とされるべきもの　47
　　3　要件事実の決定における実務家の悩み　49
　　4　おわりに　64

　[コメント1] 陶久利彦　66
　[コメント2] 渡辺千原　73
　[質疑応答]　78
　[閉会の挨拶]　92

講演レジュメ —————————————————— 95
講演1レジュメ
要件事実の存在論と認識論 ················· 吉良貴之　96

講演2レジュメ
立証責任の分配基準を求めて
法と経済学の視点から ················· 飯田　高　109

講演3レジュメ
法の解釈において基礎とされるべきもの
要件事実の決定における実務家の悩み ················· 河村　浩　122

コメント —————————————————— 135
コメント1 ················· 陶久利彦　136
　　1　主報告の視点
　　2　河村報告
　　3　飯田報告
　　4　要件事実論への基礎法学の寄与

コメント2 ……………………………………………………………… 渡辺千原　141

要件事実論・事実認定論関連文献 ——————————————— 147
要件事実論・事実認定論関連文献　2017年版 ……………… 山﨑敏彦・永井洋士　148
 Ⅰ 要件事実論　148
 Ⅱ 事実認定論　153

基礎法学と要件事実・講演会

議事録

講演会次第

[日　時]　平成29年11月25日（土）　午後1時～午後5時50分
[場　所]　創価大学本部棟10階第4会議室
[主　催]　法科大学院要件事実教育研究所
[次　第]
　1　開会の挨拶
　　　　加賀讓治（創価大学法科大学院研究科長）
　2　本日の進行予定説明
　　　　伊藤滋夫（法科大学院要件事実教育研究所顧問）
　3　講演1
　　　　吉良貴之（宇都宮共和大学専任講師、創価大学非常勤講師）
　　　「要件事実の存在論と認識論」
　4　講演2
　　　　飯田高（東京大学社会科学研究所准教授）
　　　「立証責任の分配基準を求めて：法と経済学の視点から」
　5　講演3
　　　　河村　浩（東京高等裁判所判事）
　　　「法の解釈において基礎とされるべきもの
　　　　　──要件事実の決定における実務家の悩み」
　6　コメント1
　　　　陶久利彦（東北学院大学法学部教授）
　7　コメント2
　　　　渡辺千原（立命館大学法学部教授）
　8　質疑応答
　9　閉会の挨拶
　　　　島田新一郎（法科大学院要件事実教育研究所長）

（総合司会：伊藤滋夫）

参加者名簿

〈講師〉
飯田　高　　東京大学社会科学研究所准教授
河村　浩　　東京高等裁判所判事
吉良　貴之　宇都宮共和大学専任講師、創価大学非常勤講師

〈コメンテーター〉
陶久　利彦　東北学院大学法学部教授
渡辺　千原　立命館大学法学部教授

〈司会進行〉
伊藤　滋夫　法科大学院要件事実教育研究所顧問

〈受講者〉
嘉多山　宗　弁護士（東京弁護士会）
山田　八千子　中央大学法科大学院教授

　＊受講者については、質疑をされた方のみ、その了解を得て氏名を掲載する。

基礎法学と要件事実・講演会　議事録

　伊藤滋夫　それではこれから基礎法学と要件事実・講演会を開催いたします。開催に際して、本学の法科大学院研究科長の加賀讓治よりご挨拶をいたします。

　［開会の挨拶］

　加賀讓治　創価大学の法務研究科長を務めております加賀讓治と申します。本日は、晩秋の創価大学におきまして、法科大学院要件事実教育研究所主催の「基礎法学と要件事実・講演会」を開催する運びとなりました。本学法科大学院を代表いたしまして、お集まりいただきました諸先生方、それから法律実務家の方々に心より感謝申し上げます。また学生・院生の方にも参加をしていただきました。都下八王子にまでお越しいただき、誠にありがとうございます。

　本日の講演会には、講師として東京大学の飯田高准教授、東京高等裁判所の河村浩判事、宇都宮共和大学専任講師で本学の非常勤講師でもいらっしゃいます吉良貴之講師をお招きすることができました。また、コメンテーターとして、東北学院大学の陶久利彦教授、立命館大学の渡辺千原教授もお招きすることができました。諸先生には、お引き受けいただき、心より御礼申し上げます。

　さて、創価大学法科大学院は、開設以来、学生と教員の努力によりまして、着実に司法試験合格者を輩出してまいりました。今年で14年経ちましたが、小規模中堅の法科大学院としての地歩を築くことができたと自負しております。

　そして創価大学の法科大学院は、開設以来、要件事実教育研究所とその歩みを共にしてまいりました。その営みは、ひとえに本研究所顧問の伊藤滋夫先生に負うところ大でありますが、伊藤先生および所員の教職員の鋭意努力により、これまで毎年シンポジウムないしは講演会を開き、近年はその内容を日本評論社から出版してまいりました。その結果、創価大学法科大学院といえば、一面では「要件事実研究の法科大学院」と評価されるほどとなってまいりました。

今後も、これまでの研究の上に、さらに発展的な要件事実研究の労作が積み重なっていくことを念願する次第でございます。

本日の講演会が活発な討論の場となりますことを祈り、法務研究科長として一言ご挨拶とさせていただきます。本日は、遠路本学に足をお運びいただき、心より御礼申し上げます。誠にありがとうございました。

伊藤 加賀先生、どうもありがとうございました。それではこれから私が進行係をさせていただきますが、最初に配付資料等のご説明をいたします。以後着席してさせていただきます。皆様のお手元に「配付資料目録」というホチキスでとめた資料がありますが、そこに書いてあります「1、2、3、4、5」の各資料、吉良先生のレジュメは見やすいように別綴じになっていますが、皆様のお手元にございますでしょうか。なかったらお申し出いただきたいと思います。皆様大丈夫でしょうか。

それで、配付資料中の「進行予定表」のとおり進行してまいります。各先生方は、いずれも著名な先生方ばかりですので、特に私からご紹介することもないと思います。それで、この「進行予定表」の下のほうに、「質疑応答」とありますが、この「質疑応答」のところで、講師、コメンテーターの先生相互で若干補足、あるいは、コメントに対するリプライなどということがあろうかと思います。その後、ここにいらっしゃる皆様方から、随時手を挙げて、所属、名前、どなたに聞きたいかということをおっしゃっていただいて、質問をお願いしたい、あるいは意見を述べていただきたいと思います。一応終了が午後5時25分となっておりますが、それは質問が少なかった場合で、質問があるなど、場合によってはこれをもう少し伸ばしても構わないと思っています。しかしお帰りのご都合があるでしょうから、遅くとも午後6時頃には終了する、という予定でございます。

それでは、最初に吉良先生、よろしくお願いいたします。

　　＊講演レジュメは参加者にそれぞれ配付され、それらを参照しながら講演が行われている。本書95頁以下を参照されたい。

[講演1]
要件事実の存在論と認識論

吉良貴之 ご紹介にあずかりました吉良と申します。本学法科大学院で法哲学、法学部で法哲学と法思想史を教えております。レジュメは8頁までありますので、ご確認いただければと思います。

0. 自己紹介

はじめましての方がほとんどかと思いますので、最初に軽く自己紹介をいたします。レジュメ「0．自己紹介」と書いてあるところでありますけれども（本書97頁）、法哲学を専門にしておりまして、この創価大学の法科大学院でも教えております。この法科大学院は、法科大学院の中でも珍しく法哲学を必修にしてくださっていて、大変ありがたいところです。授業を受けてくれている学生さんたちも、本日は来てくださっていて嬉しく思っております。

さて現在、法科大学院で法哲学を学ぶ意義というのも厳しく問われるところでありますけれども、一般的に法哲学というものは、法学を学ぶ上で、それから法律家になってから役立つような広い「教養」を身に付けるためのものである。だから、目先の司法試験にすぐに役立つわけではないけれども、20年、30年後に効いてくる、そういうことがよく言われます。それはもちろんそうなのですが、なかなかそういう長いスパンでは生き残れない時代でもありますので、私はあまりそういうことを言わないようにしております。私としては「今すぐ役に立つ法哲学」というのを標榜しておりまして（笑）、実定法の論点と関係付けつつ考え方の引き出しを増やしていく、原理的な考え方にいろいろと触れて頭を柔らかくしてもらうと、司法試験その他にもきっと役に立つだろうということで頑張っております。学生さんたちにとってどうかな、というところですが、今のところ好意的に受け入れてくださっているように感じています。

1. はじめに：本報告で行うこと

さて本日、何をするかですが、レジュメの順番でいうと、「1．はじめに」（本書97頁）から読むとわかりやすいかと思いますので、そこからいきます。

今回の講演会、要件事実論と基礎法学の協働可能性については、伊藤先生の超人的なご活躍もありまして、しばらく前から多くの蓄積があります。例えば『法学セミナー』2008年3月号では「特集　要件事実論と基礎法学」。それから同じ題名の本（伊藤滋夫編『要件事実論と基礎法学』（日本評論社、2010年））も出ておりまして、相当に多面的な考察がなされております。本講演会の他の先生方の報告およびコメントも、それをさらに豊かにするものとなるでしょう。
　私は法哲学を専門としておりますが、これまでの特集・編著においても、今回いらっしゃっている陶久先生をはじめ、法哲学の先生方のご論稿が多く収められています。そこでは主に、法論理学や法的思考論などのアプローチが多いように思います。要件事実論の論理構造や思考法を明らかにし、それをより精緻にする方向です。もちろん、法哲学からのアプローチは他にもさまざまにありえます。例えば、資源や福利の分配基準を原理的次元に遡って考える分配的正義論という分野がありますが、例えば証拠へのアクセス可能性への不平等が現実にある以上、証明責任の分配などを考えるにあたって大変重要だと思います。ただ、どうしても個別に考えざるをえない場合も多く、難しいことは確かなのですが、実務家の皆様の法的判断にあたっての行為ガイド――個別具体的な場面でどう判断すべきかといったこと――の提供や、「人間の尊厳」といった抽象的価値の明晰化といったことにも法哲学の役割があるとするならば、その点で法哲学からの要件事実論への寄与の余地はまだ多く残されていると考えております。
　私の専門テーマのひとつとして、法と時間の関係を考えるということがあります。今回やるのは「要件事実の形而上学」です。普段、法学書を読んでおりますと、「本書ではこれ以上、形而上学的な議論には立ち入らない」といったことがよく書かれていまして、あまり実益のない議論の代名詞のようにされがちなのですが、本報告は、そこにあえて立ち入ろうとするものです。今回、念頭に置いている形而上学というのは、客観的な世界像はどういうものであるか、人間の認識から離れて世界とはどういうものであるか、というのを考える哲学の一分野です。例えば、ちょっと変なことを言いますけれども、人間が滅亡しても、この世界はたぶん「ある」でしょう。美しい山や川はたぶん残っていると思います――この時点で「いや、人間が認識できない以上、それはわからな

い」とおっしゃる方もおられるかもしれませんが。ではさらに「道徳」はどうでしょうか。「法」はどうでしょうか。……ここまで考えると、おそらくほとんどの方は「いや道徳や法といったものは現実の人間の営みであるから、人間がいないところでそんなこと考えても仕方がないのではないか」と考えられるのではないかなと思います。しかし私としては、それに反し、人間がいなくても法や道徳はありうる、それを考えないことには法解釈というのがありえない、それくらい強いことを言ってみたいと思っております。最初ですから、それくらいの大きな話もどうかお許しください。

　さて、「骨子」のところ（本書96頁）、これを一応読んでおきます。「ある法律効果を発生させるために必要な具体的事実を要件事実とすれば、その証明は証拠（evidence）に拠る。証拠は時間の相のもとにある。過去（場合によっては将来）の事実命題を真にする、現在における存在者が真理製作者（truthmaker）たる証拠である。法実践を含め、過去の事実や将来の予測を有意味に語ることは常に、現在における証拠の意味付けにほかならない。報告者はこうした『証拠現在主義』を支持」します。「本報告は第一に、①生成滅失する証拠を法実践の中核に位置付ける世界観の妥当性について検討」します。「次に、そうした法的時間秩序の結節点たる証拠について、誰がそれを証明すべきかという責任の分配論に移」ります。「この分配は原則／例外図式のもと、証拠へのaccessibility、社会的公正など、個別具体的な紛争解決における正義のもとに考えることの必要が指摘されて」まいりました。本報告では「②要件事実論的思考がいかなる正義論を要請するか、それにとどまらず、それがいかなる世界観」——まさにさっき申し上げた形而上学的なものですが——それを支持するかを考察することによって、要件事実論の哲学的、もっと言うと存在論的、科学哲学的な基礎を考えるということであります。これだけだとわかりにくいと思いますけれども、要するに、法的「事実」の捉え方について、形而上学的な世界観に遡って考えると面白いですよ、といったことをお話ししたいと思っております。

　レジュメ2頁（本書97頁下8行目）にいきます。本報告では、最終的にそうした問題に接続することを目標としますが、その基礎として、要件事実論における「事実」の捉え方についての原理的な考察を行いたいと思います。裁判に

おいて認定される事実は「証拠」によって支持されるわけですが、この証拠というものは、ちょっと考えるとなかなか不思議なものです。例えば、そこに血の付いたナイフが落ちているとしましょう。それは誰かが人を殺したということの証拠になるかもしれません。何らかの「もの」や「証言」などが、それ自体としてはまた別の「事実」を「証明」あるいは「支持」する、これはいったい何をしているのだろうか。それは規範的に許されることなのだろうか。これは考える価値がある問題であるように思うわけですね。つまり、もはや過ぎ去った「過去の事実」、もちろん過去だけではなく将来の損害が問題になる場合には——具体的には環境問題における差止訴訟などはその典型例ですが——いまだ起こっていない「将来の事実」も含まれますが、もはや／いまだ「ない」事実が現在の証拠によって支持されるとはどういうことなのか。その哲学的検討を行いたいというわけです。

　ここまでをまとめると、法的事実認定にあたって「もはやない過去」「いまだない将来」と「現在の法実践」をつなぐものとしての「証拠」に着目したいということです。本発表では「証拠」というものをキーワードにして、事実の捉え方に関わる存在論および認識論、さらには正義論につなげる可能性まで考えていければと思います。

0.1　報告者の立場

　まず、私の立場を簡単に説明しておきます。レジュメ2頁（本書98頁）です。ここでの存在論というのは客観的な世界像に関わるものですが、その客観的な世界はどういった時間の相のもとにあるのか。この「時間」のあり方が非常に重要な主題になっています。この時間論において、「現在主義（presentism）」と呼ばれる立場を私はとろうと思っております。

　この現在主義というものは、世界の事物はこの「現在」という一時点のみにおいて実在する——過去や将来は実在しない——という存在論的立場です。この世界は一瞬ごとに全てまるごと現れる（wholly present）、そして消えていく。そういうものとして捉えられます。この世界観が法実践においてどういうふうに効いてくるのか、あるいはその世界観そのものが妥当かどうか、といったことが、本発表で問いたいことです。

この現在主義、現在だけが実在するというのは、パッと聞いただけだと当たり前のように思われるかもしれません。しかしよく考えてみると、それで日常生活が成り立つのかよくわからないところがあると思います。そういった世界観においては、例えば「被告人〇〇は、過去の2018年1月1日に△△の行為を行った」といった事実認定が不可能になってしまうのか。現在しか存在しないのだから過去のことは事実認定できない、ということになると、これは哲学として魅力的ではありえないと思います。もちろん、哲学は常識に反するからといって駄目になるわけではなく、常識が間違っているのだから常識のほうが変わるべきだ、と命じることもできます。しかし、私がここで議論しているのは「法」哲学ですから、法実践をあまりにも破壊的にするような結論が導き出されると、これはあまり意味がなくなってしまいそうに思います。だから、法的事実認定の単純な場合ぐらいはちゃんと説明できないといけません。したがって現在主義者は、本来であれば実在しない過去や将来を、現在だけを手駒にしてどうやって意味付けるかということを考えていきます。もちろん、現在主義者といってもいろいろな立場があるのですけれども、ここで私が支持する立場は、過去や将来に関わる時間性質（time property）が現在において実在する、といった方向で考えるものです。つまり、現在しか実在しない、けれども、過去や将来に関わる性質というものが現在の世界にある、それを手がかりにして過去や将来にアプローチすることができるのだと、そういった筋立てで考えます。その過去や将来への手がかりになるもの、その表現のひとつが「証拠（evidence）」であると位置付けたいと考えております。
　ここでの「証拠」は日常用語と法律用語とで微妙なずれがありますけれども、過去のことだけではなくて、将来の事実をも支持するものです。将来の証拠といってもわかりづらいかと思いますけれども、例えば、Aさんの心臓が破裂したという事実は、そのAさんはやがて死ぬだろうという将来の事実の証拠となる、といったことは言いやすいかなと思います。ですから、現在における証拠は、過去の事実を証明する素材になるだけでなく、将来の事実を証明する素材にもなる。そうすると、「証拠」というものを手がかりにして、過去および将来を意味付けていく、その「時間秩序の構築」を私は法実践の大きな役割だと思っているのですが、そういった道が開かれるのではないかということです。

この「証拠」というものは不思議な性質をもっておりまして、科学哲学などではホットなトピックになっております。「証拠」というものは、新しく出てくることもあれば、消えることもあるわけですね。証拠は散逸する、ということは常識的な事実だと思いますけれども、それは現在主義的な世界像からすれば自然なことです。そんなふうに新しく出てきたり、あるいは散逸したりするような不確かな証拠というものに基づいて、人の生命を左右しかねないような実践をすること、これは果たしてどういう事態なのだろうか。そんなことが規範的に許されるのだろうか。許されるとしても、どのような制約のもとにあるのか。それとも、また別の世界観に基づくほうが法実践を、あるいはもっと具体的にいうと要件事実論のような思考法をよりよく説明できるだろうか、といったことを考えてみたいと思います。
　ここで私としては、「法」の第一義的役割として社会における時間秩序（time order）の構築ということを考えており、それは社会における時間性（temporality）の共有によってなされると考えています。これはどういうことかというと、簡単な例だと、例えばAさんがBさんに100万円を借り、1年後に返すという契約をした場合を考えてみます。その「1年」がAさんとBさんとで別の概念だったら困りますよね。Aさんの「1年」が社会でいうところの10年くらいだったりしたら、話がかみ合わないことになってしまう。これはごく素朴な例ですが、こんなふうに、時間が公的に共有されていなければ社会的な秩序は成り立たない、ということを考えているわけです。そこで法というものは、時間秩序を構築する上で、唯一ではないけれども最も大きな強力な手段であるでしょう。もう少し具体的に言いますと、「裁判」というものは、過去――場合によっては将来もありますが――の事実認定を通じて「記憶」を権威的に共有させるものです。また、立法というものは、将来の公共的価値を先取りすることによって「予期」を権威的に共有させる実践であろうと思うわけですね。
　要件事実論は、そこにおいてどう捉えられるか。主に過去の事実認定に関わる部分が大きいかなと思いますけれども、特定の法的要件にとって必要な法的事実が何であるか、そしてそれはどのように証明されるべきものなのかということを、原則/例外、主張/抗弁/再抗弁といった図式をもとに構造化するも

のだと思っています。

　構造化というのは、ふたつの意味があろうかと思います。まず、法的事実は証拠によって支持されるわけですけれども、何かひとつの証拠があったからといって、それに一対一で対応する事実があるといったことは、普通そうそうないわけです。ある事実を支持する証拠というものはたくさんあり、それぞれ時間的にばらばらだったりするわけですね。例えば、AさんがBさんを殺したという殺人事件の証拠は、現場に落ちているナイフだったりするかもしれないし、防犯カメラに写っている映像かもしれないし、後になって目撃者が記憶に頼って証言するものであるかもしれない。そういったふうに、法的事実というものはさまざまな証拠によって時間的な幅をもって構成されるものです。そして次に、要件事実論に特徴的な考え方として、原則／例外、主張／抗弁／再抗弁といった形で、証明にあたっての方法を段階的に構造化していることが挙げられます。つまり、まとめますと、①事実というものはそれ自体が時間的な幅をもって存在している。それが複数の証拠によってさまざまな強さで全体として支持される。②その証拠による証明方法──両当事者のどちらが、どういう順番で証拠を提出するか──をいわば時間順に段階化する、そういうものとして要件事実論が特徴付けられると思います。

2. 存在論から考える──「神の視点」は必要か？

　レジュメの２番（本書99頁）にいきます。存在論から考えるというところで、「神の視点」は必要かと書きましたが、ここでの存在論（ontology）というものは、世界の客観的なあり方を問う形而上学（metaphysics）です。その議論の当否は、認知的限界を抱える現実の人間の認識には依存しません。つまり、人間がいない世界のことを考えてよい、そういう分野です。

　具体的なことを言わないとわかりにくいかなと思いますので、古典的な例を挙げます。「誰もいない森のなかで木が倒れた場合、そこで倒れる音はしたか」という問題ですね。これはどうでしょうか。つまり、音を聞く人はどこにもいないわけですけれども、それでも音をしたのかどうかということが意味のある、真正な問いとして言えるかどうかといったことです。これはおそらく意見が分かれるかと思いますけれども、それを真正な問いとみなすのが存在論で

す。しかし、人間にとって知りえない事柄である以上、議論するだけ無意味であるということもできると思います。さて、法理論（とりわけ事実認定論）はそういった問題を考えなければいけないのだろうか。

存在論に対し、もうひとつの大きな哲学分野として認識論（epistemology）があります。これは、人間の知識の正当なあり方を問う哲学分野です。どういったことが言えればそれは正しい知識であるか、といったことを考えるのが認識論です。これは法理論と相性がよいものですね。法理論が明らかにすべきことは何が正しい法的知識なのか、つまり事実認定論でいえばどうすれば「正しい」事実認定ができるのか、それを問題にすれば足りそうに思えます。実際の裁判でも、両当事者が関知していない（したがって主張していない）事実の有無について判断する必要は、少なくとも通常はないわけですね。いわば、神ならぬ人間は「事実」をその認知能力の範囲内でしか認識できないし、その正統（legitimate）なアプローチとして「法」は――おそらく科学と並んで――大きな権威として受け入れられています。

そうすると法理論にとって、人間の認識を超えた存在論的な世界の客観的描像は単なる無駄であるのだろうか。いや、そうではない、と言いたいのですね。ちょっと強めの主張になりますが、世界がどのように存在しているのかを問う存在論は、法解釈論にとって、そしてもちろん要件事実論にとってもそうなのですが、必要不可欠である、ということを議論したいと思います。

2.1 分析形而上学における時間論

さて、ここで皆さん、「時間論」というとどういったものをイメージされるでしょうか。哲学史的に遡ればどこまででも遡ることができます。もちろん古代ギリシャのプラトン、アリストテレスもそうですし、近代以降の有名どころの時間論としては、例えば、ベルグソン、ハイデガー、レヴィナスといった大陸系（フランス・ドイツ系）の哲学者の議論がすぐに思い浮かぶところではないかと思います。しかし、本発表ではそういった議論はあまり念頭に置いていません。というのはなぜかと言いますと、先ほど申しました大陸系の時間論は、主に主観的な意識、内的な時間意識といったものを問題化するものが多いわけですね。それはもちろん哲学的に重要な問題ですが、ここで考えたいのは法哲

学としての時間論です。個人の主観的な時間意識と、それを超えた社会的な時間との間に何らかの形でコンフリクト、対立が起きないことには法哲学の課題にはなかなかなりにくいと思います。ですから、そういった主観的な時間意識の問題を扱っているものはとりあえず置き、それが社会との関わり合いをもつ局面に焦点を当てる形で考えていきたいと思います。先に結論を述べるような形にすると、現実の人々と社会との関わり、もっというと客観的な「世界」との時間的な関わりがどこにあるか、それが証拠であると言いたいわけですね。

　分析形而上学（analytical metaphysics）というのは、初めて聞いたという方も多いでしょうけれど、分析哲学の枠組みを用いて形而上学的問題にアプローチするもので、ひとまず、言葉の意味を分析していくことを主な手段とする哲学分野だと思っていただければよいかなと思います。そこで最近、議論が進んでいる分野のひとつです。時間とは何か、という存在論的問題も大きなテーマになるわけですが、そこではさまざまな立場が入り乱れております。もちろん、「時間とは何か」というのも問いとしてぼんやりしすぎておりますので、もう少し丁寧に議論する必要があります。例えば、過去あるいは将来の事物は実在するのか、実在するとすればそれはどういった意味においてか、という問題の立て方のほうがより明晰になるかと思います。これについては、大きく分けて以下のような立場があります。

　レジュメを一応読んでおきますと、①三次元主義（three-dimensionalism）。これは事物は一時点において余すところなく現れる。つまり、ある時点ごとにそれぞれの存在は丸ごと表れている、そういう考え方です。それに対し、②四次元主義（four-dimensionalism）というものは四次元時空間を考えます。事物は四次元時空間に時間的延長をもって実在する、というわけです。この現実の三次元空間に我々が地理的な物理的な広がりをもって存在するのと同じように、事物は四次元時空間において時間的な広がりをもって実在していると考える立場です。

　それから、③現在主義（presentism）。これはシンプルな形でいうことができるのですが、現在の事物のみが実在するというものです。それに対し、④永久主義（eternalism）は、過去・現在・将来の事物はすべて同じように実在する、そういう考え方です。その中間をとるのが、⑤成長ブロック宇宙説（growing-universe theory）といって、過去は実在するけれども将来は実在しない。おそらくこれは常識的な考え方かと思いますが、そういったものもあります。

　①②と③④⑤は、少し議論の対象が違っておりまして、①三次元主義と②四次元主義は存在者の持続（endurance）、つまり物事がどんなふうに続いていくのか、ということをめぐる議論です。それに対し、③④⑤は、世界の時間的あり方、過去、現在、将来がどういうふうに実在しているのかをめぐるものです。①②と③④⑤の組み合わせはさまざまにありますし、ここに挙げたもの以外の立場も多くあります。

　私は、①と③（三次元主義＋現在主義）を採用しています。他に、法実践にとって食い合わせのよさそうなものは、ごく常識的に考えれば、過去は実在する、将来は実在しない、そういった成長ブロック宇宙説がよさそうに思えますけれども、私としては、必ずしもそうは考えません。これは常識的には直観適合的な感じがするのですけれども、哲学的にはちょっと無理がありそうかなと思っております。しかし今回は細かいアーギュメントは飛ばすことにして、私の支持する立場でどういったことが言えそうかということを優先することにいたします。

2.1.2　時間論の法的関連性

　では、時間論がどういうふうに法理論に関わってくるのか。時間論が法的あるいは道徳的な関連性（relevance）をもつ典型的な議論として、いわゆる「死の害（evil of death）」の問題があります。

　これはだいぶ具体的な話になりますので一緒にお考えいただければと思います。まず、人の「死」は不自然な場合を除き、悪いものであるだろう。こういう原則と例外の関係が言えるのではないかと思います。誰かが死んでしまうこと、これはよっぽどの場合でなければ普通は悪いことですよね。しかし、必ずしもそうでない場合もあります。例えば、100歳を超えて大往生したといった死は、少なくともそれほど悪くないと評価されるでしょう。こういったふうに、死というものは原則と例外によって評価されるものです。ここまではおそらく常識的なことかと思いますが、しかし、死がなぜ悪いのかというと、これは難しい問題になってきます。死の悪さというものが、①誰にとっての、②いつの

ものなのだろうか？　ということです。

　もう少し具体的に考えてみましょう。四角に囲った「頭の体操」と書いてあるところ（本書100頁）、これをちょっと考えていただければと思います。これは「ルクレチアン・アーギュメント」という有名な議論です。通常、我々は自分の人生がこれから1年短くなるのは嫌なことですよね。しかし、親がうっかり年齢を数え間違えていて、自分が思っていたよりも1年遅く生まれていた（今後の生存期間は変わらないものと仮定します）。これを知ることは嫌でしょうか。おそらく、そんなに嫌な感じはしないのではないでしょうか。まあ、仕方ないというか。しかし、全体としての生存期間というものは、これから後の生存期間が1年短くなるのと一緒で、同様に1年短くなっているわけです。にもかかわらず、なぜそのような態度の違いが出てくるのだろうか。

　ここで我々は、時間について非対称的な意識をもっているだろうと思いますが、そうすると我々は非合理な思考をしているのでしょうか。おそらくそうでないだろうと思います。そうすると、時間というものについて我々は最初から非対称的な意識をもっているのだろうか。もっというと、過去というものは事実認定において、認定されたりされなかったりするわけですけれども、そこにおいて、変えていい過去と変えてはいけない過去というものを我々は直観的に使い分けているのだろうか、といった問題につながります。ルクレチアン・アーギュメントの奇妙さは、我々が過去に向き合うにあたって一定の時間論的前提を有していることを示唆するものと言えます。

　レジュメ4頁（本書101頁）にいきます。伊藤先生は『要件事実と基礎法学』（日本評論社、2010年）で、死刑存廃論を素材にして議論されています。人命尊重について原則／例外図式、誤判の可能性について主張／抗弁／再抗弁といった形で整理がなされ、要件事実論的思考法が民事訴訟法学にとどまらない法的汎用性をもつものであることが示されています。これは非常にクリアな議論だと思うのですけれども、その前提をちょっと考えてみたいわけですね。

　誤判による死刑、これは悪いことだろうという道徳的直観が我々には強くありますが、それは「なぜ」悪いのだろうかというのを考えてみると、少し難しくなってきます。どういうことかというと、誤判による死刑がなされてしまった以上、その人は死んだわけですから、本人はこの世に存在しません。そうす

ると、それは本人にとって悪いとは言えなくなるのではないか、といったことが哲学的問題としてありうるからです。ここで、いや悪いだろうという反論としては、誤判による死刑がまかり通ってしまうと社会的な影響が非常に大きいだろうとか、いつ自分が無実の罪で死刑になるかもしれないという不安が社会的に蔓延するのはよくないとか、社会的な影響を持ち出して反論をすることもできます。しかしそれに対しては、では誰もいない森の中での誤判は悪いと言えるだろうか？　という、ややこしい問題が出てきてしまいます──屁理屈を言っている感じがしたら申し訳ないのですけれども。これはあえて極端な例を出していますが、こういった「死の害」のような議論は、他にも例えば死者の名誉毀損であるとか、逸失利益の算定であるとか、時間が関わる広範な法的問題──時間が関わらない法的問題はありえないと私は思いますが──に影響を及ぼすものです。

　死者の名誉毀損の保護法益が何かといいますと、通説では、死者の残存する人格的利益といったものが考えられますが、そういったものを考えるとき、我々は人の生を四次元時間空間上で延長するものと捉えていることになりそうに思います。また、三次元主義的には例えば、死の時点での生への欲求の途絶、「生きたい」という欲求そのものが途絶してしまうこと自体が悪である、などといった説明をすることになりますが（欲求途絶説）、こうしたものはいずれにせよ、法的な利益／不利益について一定の時間論的立場へのコミットメントを示すものであると言えそうです。つまり、時間論なしにこういった議論をすることはできないと思うわけです。そして、我々は法実践において人間の認識から独立した利益／不利益そのものの実在を想定しているのであり、要件事実論はそれにしかるべき法的効果を与えるためにいかなる特定の事実の構造化が必要かを考えるものと言えると思います。つまり、要件事実論は認識論的水準だけではなくて、存在論的水準、時間論的な立場がその典型でありますけれども、それについても事実を構造化している、ということがここで言えるかと思います。そして、要件事実論が対象とする事実は既に法的に価値付けられた事実であり、事実に対する価値（利益／不利益も含め）、その帰属を考えるためには客観的な世界の在り方というものをどのように描写するかという、存在論的な思考が不可欠であると考えます。

ややこしくなってすみませんが、端的に言えば、要件事実論は「いまだ／もはや存在しない」対象に関わっている、ということです。これは要件事実論だけでなく、法実践一般もそうですが、そこでの要件事実論の特徴は証明されるべき事実の構造化のあり方にあります。そこで事実を証明するとはどういうことか、何らかの時間論が前提とされていると考えるべきではないか、といったことがここで言いたかったことです。

2.2　現在主義の法的課題

さて、現在主義という立場を私は取りますが、ここで法的課題としてどのようなものがあるかについてお話しします。

現在主義（presentism）は、現在の時点のみの存在者の「実在」（reality；existence）のみを認めます。世界のすべての事物はこの一瞬ごとに現れては消えていく、そういうものですね。アウグスティヌスの言葉を使えば「永遠の現在」といったものです。こういった世界観、存在するのは現在だけであるという見方には一定の直観適合性みたいなものは確かにありますが、では過去や将来の事実をどうすれば有意味に語れるか、ということが難問になってきます。つまり、この世界観において、例えば「かつて地球上に恐竜が存在した」といった過去の事実に関わる命題はいかにして真（true）になりうるか。法理論の課題として言い直せば、現在だけが実在するのであれば法実践はどのように過去や将来の事実を扱えばよいのか、これが当然に問題になるということです。

2.2.1　証拠現在主義──世界と我々をつなぐものとしての「証拠」

ここで、有力な立場として紹介したいのは、「証拠現在主義（evidence presentism）」というものです。提唱しているのは、小山虎さんという新進気鋭の哲学者です。これはどういうものかと言いますと、過去／将来の存在者を例化（instantiate）する時間性質（time property）を現在において有するものとしての「証拠（evidence）」があり、それによって過去や将来の事実が意味付けられるということです。

これだけではわかりにくいかと思いますので、レジュメ５頁（本書102頁）にいきますが、過去や将来の命題を真にする存在者である時間性質が真理製作者

(truthmaker) として現在において実在するとみなす、というわけです。専門用語がたくさん出てきてすみません。わかりやすく言い直すと、例えば恐竜の化石は「かつて恐竜が存在した」という過去の事実を真にする時間性質を有していることになる（かもしれない）し、血の付いたナイフは「AがBを殺害した」という過去の事実を真にする時間性質を有している（かもしれない）ということですね。「（かもしれない）」とわざわざ括弧で書いてあるところが重要なんですが、その正しい対応関係を現実の我々は知ることができません。ここでの真理製作者（＝証拠）たる時間性質については、存在論的には、つまり神の視点からみれば、これこれの証拠の組み合わせがある事実を証明するといった対応者関係が同定される、つまり「正解」があると言えるかと思います。しかし、神ならぬ我々にはその正しい対応者関係を知ることはできません。そのため、「何を証拠とみなすか（＝何を・どのように提出すれば、ある法的事実が証明されたと言えるのか）」を定める実践が必要になってくるというわけです。

　いかなる証拠を探求すれば過去あるいは将来についての正しい知識を得ることができるかという問題において、ここで、証拠の存在論と認識論が接続されるということになります。要するに、我々は、現在において存在する証拠というものを通じてのみ、もはや失われた、あるいはいまだ到来しない客観的世界と接続する、こういった世界像が描かれることになります。

3．「証拠」の法哲学／科学哲学

　先ほど「対応者関係」と述べましたが、証拠による事実認定は現実にもそんなに単純なものではありません。例えば「テーブルの上にりんごがある」という命題、これは現実のテーブルの上にりんごがあればその命題は真になりますが、証拠による事実認定は通常、そんな単純な一対一の対応関係ではありません。一般的には、証拠というものは証明されるべき事実に対して関連性（relevance）をもち、それは具体的重要性（materiality）、証明力（probative value）といった、程度を許すような基準（米連邦証拠規則401条a／b）によって判定されるということになります。

　証拠と事実の関係というものは、単純な一対一の対応関係ではなく、誰かが誰かを殺したといった場合には、血の付いたナイフがあるとか、あるいは誰か

が記憶に頼って証言するとか、さまざまな証拠の組み合わせによって、それが証明されるということになります。スーザン・ハーク（Susan Haack）というアメリカの科学哲学者が比喩的に述べているのですけれども、証拠は「クロスワード・パズル」のような形で、全体として事実を証明するものですね。ここで一対一の対応関係ではない、かといって全体論的（holistic）なものでもない、というところが重要です。つまり、証拠には関連性（relevance）の範囲があります。実際の事実認定においては、多くの──「すべての」ではない──証拠がそれぞれの証明力をもって事実を証明することになりますが、当然、神羅万象あらゆることについて参照しなければならないわけではありません。この事実認定に必要な証拠はこのぐらいであるといったことが決められ──あらかじめ要求されているものもあれば、相手当事者の出方次第で変わるものでもありますが──、それが提出されれば、ある法的事実が証明されたということになります。だから、証拠の組み合わせは程度を許すものであるし、また裁判制度に基づいた文脈依存性があるわけですね。

　要件事実の設定は、いかなる証拠を当該事実にとって関連性のあるものと判断するかという考慮と一体のものになります。先ほど申しましたように、証拠は存在論的に程度的なものである。そうであるがゆえに、その関連性の考慮は極めて規範的、および制度依存的なものとなります。

　ここで正義論にもつながってくるわけですが、証拠というものは、アクセス可能性が現実には対等でありません。証拠をたくさん持っている側と持っていない側が当然いるわけですが、そういった場合には、証明責任分配にあたっての規範的考慮も要請されうるということになります。

　そして、証拠の認定プロセスは制度依存的です。司法における事実認定というのもあくまでそのひとつですが、そこでの証拠実践のあり方は、当事者主義／職権主義といった大きな訴訟構造の中で具体化されます。また、法的な思考類型、要件事実論的な思考は、証拠の探求（inquiry）プロセスのひとつのあり方です。先ほど要件事実論的な思考方法は、証明されるべき事実を段階的に構造化するものだと述べましたけれども、これは、いかなる証拠が関連性を有するかといった判断にも同様に当てはまります。つまり、必要な証拠を段階的に構造化することが要件事実的な思考法の特徴だと思われます。

要するに、証拠は本質的に程度問題であるがゆえに、その探求は規範的、制度依存的になるということです。つまり、関連性というものがどのくらい、どの範囲であるのかということは、客観的な世界のレベルで、つまり存在論のレベルで程度問題である。そうである以上、まして現実の認知的限界を有する我々にとっては、その探求のあり方は規範的、そして制度依存的なものにならざるをえないということを確認する必要があります。

3.1　統合科学としての証拠論

　「証拠」の探求がこのような性格のものであるがゆえに、近年では、科学哲学や科学技術社会論（STS；Science, Technology and Society）からの証拠論、特に法実践には事実認定に適した証拠の扱いが可能かどうかといった議論も盛んになされています。近年の議論の特徴として、「証拠」が専門家集団の受容といった閉じたものから、より「社会化」された、開かれたものとして捉えられるようになったということが言えるかもしれません。象徴的な例として、アメリカの判例でフライ基準からドーバート基準へといったことがあります。かつてのフライ基準では、裁判所が専門的証拠（expert evidence）を許容するにあたって、当該専門家集団の一般的な受容（general acceptance）が要件とされていました。しかし、その後のドーバート基準では、それをいわば社会に向けて開いていく形で、専門家集団の一般的受容は考慮されるべき重要な要素ではあるけれども、あくまでさまざまな要素のひとつに過ぎないと、いわば「格下げ」されたということがあります。

　さて、証拠探求（inquiry）が制度依存的なものであるとすると、訴訟の構造、例えば adversary system（当事者対抗主義、対審構造）といったものが、それに適した裁判制度といえるかどうかということが問題になりえます。それに対し、裁判という営みは事実認定にとって必ずしもよいものではないかもしれない、といった疑念も多く出されております。裁判は勝ち負けが問題になる以上、そこでの証拠実践は探求（inquiry）ではなく、自分に有利な証拠だけを出す主張（advocacy）にならざるをえないのではないか、といった批判ですね。そういったことを強調する立場からすると、最近の議論の潮流として認知民主主義（epistemic democracy）と呼ばれるものがあるのですが、当事者間に限定され

た裁判よりも、社会に広く開かれた民主的プロセスのほうに証拠探求の役割を期待する、といった議論も魅力的になってきます。この認知民主主義というものは、例えば「思想の自由市場」といった考え方を念頭に置いてもらえればわかりやすいでしょう。誰かが何かを主張するとして、何か問題があった場合、それが社会に開かれたものであるならば、それに対して反論がなされる。そうやって議論が積み重ねられていく。その議論に参加する当事者が多ければ多いほど、その主張を支える論拠、つまりエビデンスの確かさについて集合知が形成されていくと。このように認知民主主義論において政治過程は、人々の知識をより正確にしていくものとして描き出されます。

さて、このような議論が裁判に生かせるかどうか。具体的にいうと、裁判員裁判などが例に挙げられるかなと思います。裁判員裁判で適切な人数はどのくらいなのか。今は、裁判員6人、裁判官3人となっていますが、アメリカのように12人まで増やすのがいいのか。どんどん増やせばそれだけ正解する確率が高くなるかというとそう単純ではありませんが、効果的な制度設計のひとつの手がかりになるということですね。また、裁判官がなすべき仕事として、どういった証拠を出せばある事実が証明されたと言えるのかといった判断の部分などでも、こういった議論が有効になってくるかと思います。

要するに、制度依存的で数多くありうる証拠認定プロセスにおいて、裁判の構造もさまざまにありうる。そして要件事実論的な思考は、証拠認定に適した手続や制度をどのように構想するか。そこにおいて、民主的な政治プロセスと対比される形で、裁判という営みの独自性、固有性といったものがどこまで描き出せるのか、といったことが議論されうるかと思います。

4. まとめ

まとめに入ります。この現在主義的な世界像におきまして、「証拠」は過去・現在・将来を接続するものです。証拠は存在論的に程度的であるがゆえに、その探求は、規範的・制度依存的なものになる。要件事実論は、その証拠認定プロセスを構造化する思考の一つとして位置付けられうるかなと思います。

証拠というものは、生成滅失する。新しく出てくることもあれば、消えてしまうこともある。そういった意味でも程度問題です。その証拠を中心に置く現

在主義的な世界観は、現状の我々の法実践に適合的で健全なものであると言えるかどうか。私はそう思うのですけれども、いかがでしょうか、というところです。

　証拠というものは、うかうかしていると消えてしまう、あるいはまた別のものがどんどん出てくるかもしれない、そういった動態的なものです。現在主義的な世界像からすると、世界というものはまるごと一瞬一瞬で現れてくるものであり、時間的な幅はありません。にもかかわらず、我々は程度的であらざるをえない証拠というものを手がかりに、将来あるいは過去に向かい合って時間的な幅のある法的事実認定を行っている。そうであるがゆえに証拠実践は規範的・制度依存的な営みにならざるをえません。我々は生成滅失する不確かな証拠を通じてのみ、客観的な世界への手がかりを得ていこうとせざるをえない。これは司法が謙抑的になるべき存在論的制約にもなりえますし、また、司法の営みの独自性が強調される部分でもある。そういったことから、私としては、これまで述べてきたようなことが現実の法実践、とりわけ司法のあり方を説明するにあたって適合的な世界観ではないかと考えています。

　以下、レジュメでは法理論上の補足と書いておりますが、ここはまた別の突っ込んだ話になりますので、もしご関心がある方はご覧になっていただいて、後で何かあればご質問いただければと思います。私の発表は以上です。

　伊藤　これで終わってよろしいですか。吉良先生、どうもありがとうございました。それでは、次に、飯田先生からお話を伺いたいと思います。飯田先生、よろしくお願いいたします。

［講演2］
立証責任の分配基準を求めて：法と経済学の視点から

　飯田高　皆さんこんにちは。東京大学社会科学研究所の飯田高と申します。法社会学、法と経済学を専門にしております。
　今日は学生さんがたくさんいらっしゃっていますので、私が今まで、特に学生の時にどういうことをしてきたかということをお話ししておこうと思います。

私が卒業した学部は法学部なのですが、教養課程では文科２類、つまり経済学系でした。ところがその後、３年生の時に法学部に変わっています。どうして変えたのかはよく覚えてないのですが、たぶん社会のことを知るためには法律のことを知らなければいけないだろうと漠然と考えたのだと思います。法学部に行ったのは良かったのですが、ちょっと後悔することもありました。ある実定法の授業を聞いていて、これは学問なのかなと思ったこともありました。

大学院で専攻する分野としては、法社会学を選びました。法社会学にはいろんなことができるという利点があります。大学院に入学した当初は、今では自分でも信じられないのですが、研究テーマを「刑事法の法社会学」としていました。しかし、現在に至るまで、私は刑事法の法社会学的研究を全然やっていません。では何をやっていたのかと言いますと、社会規範の研究をしていました。つまり、社会にどういうふうにルールが出来上がっていくのかということ、また、ルールはどのように変わっていくのかということを研究するわけなのですけれども、先行研究を調べているうちに、経済学的アプローチが社会規範研究で盛んに用いられているということがわかりました。私の昔の記憶がよみがえったということでしょうか、経済学をやっていたということと、そして自分の指導教官も法と経済学を専門とされていたということもあり、社会規範を経済学的アプローチによって考察するという研究に取り組み始めました。今でも、私は法社会学よりも法と経済学の授業を担当することが多くなっています。

今日、法社会学の話をするか、法と経済学の話をするか、いろいろ考えたのですけれども、一応後者を選びました。

今回の報告のテーマは「立証責任」なのですが、実をいうと、私自身は立証責任について深く研究しているわけではありません。ただ、要件事実に関係しそうなテーマのうち、前から何となく気になっていたテーマを選ばせていただいた、ということです。

この講演会を良いきっかけとして、私自身も立証責任の経済分析について勉強してみよう、と考えたわけです。そういうことですので、私自身の理解が不十分な箇所も多々あると思います。もし何かご不明な点などがございましたら、質疑応答の時間でも、あるいはメール等の方法でお知らせいただければと思います。

以下では、基本的にレジュメに沿ってお話ししてまいります。

第1 はじめに
1. 主張責任・立証責任

第1の「はじめに」のところ（本書109頁）です。「骨子」のところは飛ばしていただいて構いません。

本題に入る前に、本報告での「立証責任」の意味について述べておきたいと思います。通常、「立証責任」というのは、「訴訟上ある要件事実の存否が不明とされた場合に、その要件事実の存在を前提とする法律効果が認められないことになるという当事者の不利益」と表現されます。

本報告では、主張責任の所在と立証責任の所在は常に一致するという立場をとりたいと考えています。したがいまして、「主張立証責任」と呼んでもよいということになります。立証責任を経済学的に分析する文献でも、立証責任と主張責任はあまり区別されない場合がほとんどです。確かに概念的には区別はできますが、経済分析、経済学というのは当事者のインセンティブを考えるという話を後でしますけれども、当事者のインセンティブを考える経済学からすれば、あえて両者を区別する必要はないということだろうと思います。その「主張立証責任」の対象となる事実を定める作業は、結局のところ、立証責任を誰に負担させるかということを確定する作業と同じです。

では、どのような基準を使って立証責任の負担者を決めるべきでしょうか。これが本報告で取り上げる問題です。

ちなみに、証明度に関するさまざまな理論もありますが、ここでは割愛させていただきたいと思います。

2. 立証責任の分配に関する現在の議論

レジュメの2頁目（本書110頁）に移ります。立証責任の分配に関する現在の議論の状況についてごく簡単にみておきます。

ご存知のように、法律が明文で立証責任の分配を定めているケースはあまりありませんので、法規の解釈によって決められるということになります。かつては条文の形式的な表現に基づいて立証責任の所在を決めるべきと考える説も

ありましたが、現在は条文から離れて何らかの実質的な観点からの考慮をしなければならないという説が優勢です。

その際にどのような要素を考慮すべきかですが、例えば次のような点がしばしば挙げられます。こちらのレジュメに書いてあるのは、アトランダムに、思いつくままに挙げたものにすぎませんので、そういうものとお考えください。第一に挙げたのは、制度や立法の趣旨に適うかどうか、という点です。言い換えると、誰に立証責任を負担させれば制度や立法の目的がうまく果たされるか、という観点です。

この点とオーバーラップしますが、当事者間の公平の観点からみて妥当かどうか、という点もよく挙げられます。もちろん、何をもって公平と考えるかについては諸説あるわけです。例えば、現状を変更しようとする当事者に負担させる。これはいわゆる「消極的基本原則」です。あとは必要な証拠にアクセスしやすい当事者に負担させる、あるいは証明がしやすい当事者に負担させる、といった議論がございます。

さらに、例外的事象であるかどうかという点も挙げられることがあります。つまり、通常起こりにくいことを主張する当事者のほうが立証責任を負うべき、ということです。

いずれもそれなりに重要な要素であることは確かなのですが、いろいろな要素が雑多に取り上げられている印象もあります。また、要素が併存する場合にどちらが優先的に考慮されるべきなのかという疑問も残るかもしれません。

3. 本報告の趣旨

「本報告の趣旨」のところ（本書110頁）にあるように、「法と経済学」の視点で立証責任について考えてみたいというのがこの報告の趣旨です。「法と経済学」は、多かれ少なかれすっきりとした見通しを与えてくれます。もっとも、すっきりとしすぎているので批判がされるというケースもなくはありません。

私自身もこのような考え方でいいのかなと疑問を感じるところもありますので、聞いている皆さんはもっと違和感があるのではないかと思います。適切性ないし妥当性についてはさまざまなご意見があると思いますけれども、経済学的アプローチによって立証責任を考察することは、少なくとも、先ほど列挙し

た考慮要素を違った角度から捉えようとする、あるいは別の考慮要素を加えようとすることに等しい、と言えます。

もし時間が許せば、法と経済学の課題と今後の方向性、要件事実論の思考枠組みの特質につきましても、若干の考察を行いたいと考えています。

第2 経済学的視点
1. 経済学的アプローチの前提と特徴

ここで、経済学的アプローチがどのようなものであるかについて、若干詳しく説明しておきます。

経済学的アプローチは、「記述的分析」と呼ばれるものと「規範的分析」と呼ばれるものに分けられることがあります。それぞれの意味ですが、まず記述的分析は、事実の描写や予測を目的とする分析です。つまり、ある法律ができた、または法律が改正されたというときに、人々の行動や社会の状態にどのような影響が及ぶのかについて考えるのが記述的分析です。単純に言うと、「社会に対する法の効果」を検討しようとするものです。

このとき、経済学的アプローチの大きな特色として挙げられるのは次の2点です。一つ目が、①行為者のインセンティブに着目するという点、それと、二つ目が②個人の行動と社会状態の関係をモデルによって考察・検討するという点です。インセンティブというのは「誘因」とも訳されますが、要するに行為者の動機を考えるということです。それから、この「モデル」は数理モデルであることが一般的ですが、別に数式で表される必要まではありません。

記述的分析は、次のようなモデルを想定します。ルールの変更や制定があると、個人がそれに反応します。ルールが変化して、個人の意思決定・行動の変化が起こるということです。それから、個人の意思決定や行動が変化すると、その結果として社会全体の状態も変わります。

この第一の局面（ルールの変化から個人の意思決定・行動の変化の局面）に対応するのが、先ほど特色のひとつとして挙げた「インセンティブ」です。個人はルールの変化がもたらすインセンティブに反応して意思決定を行います。それから、第二の局面（個人の行動が社会的な結果とつながる局面）で行動と社会的な結果との連関を説明するのが「モデル」ということになります。

例えば、不法行為による損害賠償を過失責任から無過失責任に変えたとします。そのとき、潜在的な加害者は自分の行動を変更させるかもしれません。例えば前よりも注意するようになるとか、危険な行動に従事しなくなるとか、そういったことが起こるかもしれません。その結果、社会全体の状態が変わります。例えば事故率が減少する、危険な行動に携わる人が全体として減る、もうちょっと違う例で言うと、訴訟リスクに備えた保険制度ができるといったこともあるかもしれません。

　こういったことを行うのが記述的分析です。言い換えると、個人の行動のありようを考えて、その結果として社会にどのような状態が生ずるかをできるだけ明確な形で検討しよう、というのが記述的分析です。

　これに対して「規範的分析（normative analysis）」は、今申し上げた「結果としての社会状態」を評価することに目的があります。「規範的分析」という名称ではありますが、ここでの「規範」は法的な意味での「規範」とはやや異なっています。つまり、規範がどのようになっているのかという分析ではなくて、「目的との関係で望ましい行動やルールを考える」というような意味合いです。「望ましい状態にもっていきたければどのようにすべき」といった規範的な含意を導くための分析ということです。

　特に経済学的アプローチでよく用いられるのは、効率性（efficiency）の基準です。したがって、効率的な状態を導くようなルールが規範的分析からは「望ましい」と判断されることになります。

　効率性の基準というのはどういう基準なのかと申しますと、平たく言うと、人々の満足度が高まるほうがよい、という基準です。この後の話ではコストという言葉が繰り返し出てくるのですが、金銭で測られるもの以外を含んでも構いません。ともかく、個人の満足度をベースにして社会状態を評価する、というのが効率性の基準なのだと考えていただければと思います。

　例えばルール α とルール β があったときに、それぞれ結果として生じる社会状態が想定されるわけですが、この社会状態 α と社会状態 β のどちらが望ましいか、ということを考えるのが規範的分析です。先ほどの例で申しますと、過失責任を採用した場合と、無過失責任を採用した場合とで社会的な結果（特に、人々の満足度という点での結果ということになります）は異なります。そのとき、

どちらのほうが望ましいのだろうか、という問いの立て方をいたします。

2. 法に対する見方

　以上のことを別の角度から説明しておきたいと思います。経済学的アプローチでは、法を「事前の視点」から捉える、という言い方がされることがあります。この「事前」というのはラテン語の ex ante の訳です。対概念は「事後」、ex post です。

　「事前の視点」と「事後の視点」の違いは次の点にあります。先に「事後」のほうから説明しておきますと、こちらは「特定の事実関係を前提にして、現在の問題を解決するのに適切なルールを考える」ということに主眼があります。裁判の場合、通常はこちらの視点が重視されるのではないかと思われます。ただ裁判の場合でも事前の視点が完全に排除されるかというと、そういうわけではありません。

　では「事前の視点」とは何なのかというと、「ルールに対して将来の人々がどう反応するかを考慮して、適切なルールを考える」というものです。先ほど吉良先生から時間について非対称的な意識という話があったのですが、事前の視点というのは完全に非対称的で、将来のほうしか見てないということになります。法と経済学は、法の効果を予測して法の評価をしようとするところにひとつの特色がありますので、事前の視点が強調される傾向があります。

　ただし、裁判の場で事前の視点が全く活用されないわけではありません。判決が将来の紛争に対してどのような影響を及ぼしうるかという問題については、裁判官の方々も頭を悩ませることも多いのではないかと推察いたします。

　補足的に申し上げておきますと、事前の視点を強調するか事後の視点を強調するかで、「法」の機能の捉え方は大きく変わってきます。事後の視点を重視する場合は、法とは「過去に生じた紛争に対し、一定の解決策を提示するもの」、言い換えれば、「権利や救済方法を示す紛争解決基準の集合体」としてイメージされやすくなります。逆に、事前の視点を重視すると、法とは「将来生じうる紛争に対し、一定の影響を与えるもの」、さらに言い換えると「行動に影響を及ぼすインセンティブ付与のシステム」としてイメージされることになります。このイメージは実体法であるか手続法であるかによって異なるわけで

はありません。実体法と手続法はどちらも「インセンティブを人々に付与して、望ましい社会状態を導くためのシステム」と考えることができます。

3. 立証責任の機能の探究

この観点から立証責任を考えていくわけですが、問いとしてはこうなります。事前の視点からみると、立証責任にはどのような機能があり、立証責任を誰に負担させるのが望ましいと考えられるか。立証責任の機能を探究する場合には、次のような問題に答える必要があります。

まず、記述的な問いとしては、「立証責任に関するルールが当事者に対してどのようなインセンティブを与えるか」という問いがあります。レジュメには「当事者」としか書いてありませんが、社会状態にどういう影響を及ぼすのかということも含まれます。つまり、立証責任を課されている側の当事者だけでなく、課されていない側の当事者あるいはその他の人も含まれます。似たようなことですが、「立証責任ルールが変更されると、当事者の行動および社会状態はどのように変わるか」という問題もあります。そこでは、当事者のみならずより広い範囲の人々に及ぶ影響も考慮されることになります。

規範的な問いとしては、「人々の行動の帰結である社会状態をどのように評価するか」、そして「最も望ましい社会状態を実現するルールはどういうものか」という問いがあります。どのような立証責任を設定すれば望ましい社会状態が実現できるのか、ということです。

ただし、どの範囲の「効率性」を考えるのかについては、いろいろな考え方があります。研究者の間でも必ずしも意見が一致しているわけではありません。対立軸としてはいくつかのものがありますが、例えば、一定の範囲の人々、例えば訴訟当事者だけに限った効率性を考えるか、それとも社会全体の効率性をより広く考えるか、という対立軸がありえます。

もっと重要なのは次の点です。一つが訴訟中の行為に着目するのか、あるいはその前、つまり訴訟に至るまでの行為にも着目するのか、という対立軸です。以下で取り上げるのはこの点です。

訴訟における当事者の行動のみに着目するという場合、効率的なのは訴訟コストが最小化される場合だということになります。訴訟コストを最小化すると

いう意味での効率性は、次の第3で扱います。

　他方、訴訟中の行動だけでなく、訴訟で問題とされうる行動もあります。不法行為に関するケースを考えていただくとよいと思いますが、訴訟になってからの行動だけではなくて、その前の段階である不法行為そのもの、ここまで視野に入れた効率性というものも考えることができます。このような抑止の対象となる行為、これは primary activity とか primary behavior とか言われます。一次行動と訳してありますけれども、ここのコントロールまで含めた効率性の話、これを第4で扱うことにいたします。

第3　経済学からみた立証責任の分配(1)：訴訟コストの最小化

　訴訟における当事者の行動のみに着目して、訴訟コストを最小化する立証責任の設定の仕方について検討するモデルをご紹介する、というのが第3節の趣旨です。立証責任に関する経済モデルの典型例として、Bruce L. Hay と Kathryn E. Spier の共著論文（1997）で提示されたモデルを取り上げたいと思います。

1.　訴訟コスト

　紛争をなるべく安価に処理できれば、効率性の観点からは望ましいとまず言えます。「訴訟経済」という言い方がありますが、だいたい同じことを指すと考えてくださって構いません。なかでも、当事者が証拠を収集して提出するためのコストや、裁判所が正確な情報を得て適切な判断を下すためのコストは、積算すると無視できない大きさになります。なるべくそのコストを小さくするのがいいということです。

2.　Hay and Spier（1997）のモデル

　それについて検討したのが次の2（本書113頁）です。

　Hay and Spier のモデル、このモデルは、原告と被告がそれぞれ「Xが起こった」ことを示す証拠を提出するか否かを決定しようとしている場面を描写するものです。非常に単純なモデルで、もっぱら訴訟中の当事者の行動を考察することを目的としています。ここでは、例えば被告の過失など、原告にとって

有利な事情を示す証拠だとしておきます。抗弁が問題となる場合は原告と被告は逆になりますので、適宜読み替えていただければ幸いです。

議論を単純化するために、次のような仮定を設けます。第一に、証拠があれば、裁判所はXが起こったか否かを確実に知ることができます。この点の不確実性を考慮するモデルももちろんあります。そうすると結論は変わってくるということになりますが、まずはなるべく単純化できるような仮定を置いて考えます。第二に、その証拠は原告も被告も利用することができます。その際のコストは原告と被告との間で異なっていても構いません。第三に、証拠を収集して提出するコストは、係争額と比べて十分に小さいとします。ここは問題ないと思います。

さて、このような状況のもとで、原告と被告はどのような行動をとるでしょうか。以下に示すのは記述的分析、つまり合理的な当事者であればどのような行動を選択するかを予測したものです。

まず、原告側に立証責任がある場合を考えてみます。このときは、立証責任を課されていない被告は、もしXが起こっていたとすれば、これは原告側に有利な事情ですから、明らかに被告は証拠を提出しないということになります。逆にXが起こっていなければ、わざわざ証拠を提出しなくても、原告に立証責任がありますので、被告は勝つことができます。したがって、Xが起こっていても起こっていなくても、証拠は提出しない、という結論になります。不確実性がないという仮定を置いていますので、こういう結論になります。

これに対して、原告のほうは「Xが起こっていたとき、かつそのときに限り、証拠を提出する」ということになります。なぜかと言うと、もしXが起こっていれば原告は証拠を提出する必要があります。逆に、もしXが起こっていなければ証拠を提出しても意味がありませんので、提出しないということですね。ですので、結果的に「Xが起こっていたとき、かつそのときに限り、証拠を提出する」ということになります。以上が原告側に立証責任がある場合です。

次に、被告に立証責任がある場合を考えてみます。すると、先ほどとはちょうど正反対の結論が出てきます。つまり、原告は、Xが起こっていても起こっていなくても、証拠は提出しません。一方、被告のほうは、Xが起こっていないとき、かつそのときに限り、証拠を提出することになります。

以上をまとめるとこういうことになります。「立証責任を負担する当事者は、当該証拠が自分の立場を支持するとき、かつそのときにのみ証拠を提出する、他方、立証責任を負担していない当事者はどちらにしても証拠を提出しない」という結果になります。これが基本的なモデルです。

　このことを前提として、HayとSpierは、望ましい立証責任の分配方法について考察を進めます。ここでの目的は「訴訟コストを最小化する」ということでした。証拠に関連するコストを最小化するためには、次の二つを比較して、より小さいほうを選択すべきことになります。すなわち、

　　［A］Xの発生確率×Xの発生を示すために原告が負担するコスト
　　［B］Xの不発生確率×Xの不発生を示すために被告が負担するコスト

を比較して、AがBよりも小さければ原告に、AがBよりも大きければ被告に立証責任を課すべきことになります。つまり、コストの期待値がより小さくなるように立証責任を分配すべきだということです。

　例えば、次の（ⅰ）（ⅱ）の両方を満たす場合には原告に立証責任を課すべきことになります。

　（ⅰ）原告と被告のいずれが証拠を収集・提出しても、負担コストには大差がない。

　（ⅱ）Xの発生確率がXの不発生確率と比べて十分に低い。

　このような場合、原告に課すべきだということになります。

　これに対して、「原告がXの発生を示すために負担するコスト」が「被告がXの不発生を示すために負担するコスト」を大きく上回れば、被告に立証責任が課されるべきだという結論になります。例えば製造物責任はその例だと言えます。あるいは、Xの発生確率がXの不発生確率を大きく上回る場合も、被告に立証責任が課されやすくなります。

　先ほど現在の議論の状況のところで例外的事象について触れましたけれども、Xが例外的事情であれば、それはXの発生確率が低いことを意味しますので、原告側に立証責任が課されやすくなりますが、もし原告にとってXが証明困難であれば、逆に被告側に立証責任が課されやすくなる、というように考えることができます。

3．具体例

抽象的な話が続きましたので、具体例を二つ挙げておきたいと思います（本書115頁）。

一つ目の例が、即時取得です。例えば、甲からパソコンの返還請求をされた乙が、「パソコンは丙から買い受けたものであり、即時取得している」と主張したとします。このとき、乙が自分の善意・無過失を立証するべきなのか、それとも甲が乙の悪意、つまり、丙が所有者だと信じていなかったこと、または有過失を立証するべきだろうか、という問題です。

先ほどの考え方に従うと、このケースの場合はＸに当たるものが「乙の悪意有過失」ですので、「悪意有過失の発生確率」と「相手方の悪意有過失を立証するコスト」とを掛け合わせた積と、「善意無過失の発生確率」と「自分の善意無過失を立証するコスト」とを掛け合わせた積を比較するということになります。この大小関係ですが、①通常は悪意有過失のほうが発生確率は低くなり、また、②善意無過失を立証するよりも悪意有過失を立証するコストのほうが一般には安価である、ないものを証明するのは難しいと普通言われるので、前者の値よりも後者の値、つまり、「悪意有過失の発生確率」と「相手方の悪意有過失を立証するコスト」の積のほうが小さくなりやすいと予想されます。そうだとすると、甲に乙の悪意有過失を立証する責任を課すべきだという結論になります。

実際の法制度ではそのようになっています。この例では、経済分析が示す指針と現実の法制度の指針が一致している例と言うことができます。

二つ目の例として、遺言無効確認を挙げています。例えば、甲が乙に対して、丙の自筆証書遺言が無効であることを主張したとします。この場合、「自筆証書遺言の有効性」や「丙の遺言能力の有無」は誰が立証すべきでしょうか、ということです。

レジュメに記載している最高裁判決（最判昭和62年10月8日民集41巻7号1471頁）では、「自筆証書遺言の無効確認を求める訴訟においては、当該遺言証書の成立要件すなわちそれが民法968条の定める方式に則って作成されたものであることを、遺言が有効であると主張する側において主張・立証する責任があると解するのが相当である」と判断されています。つまり乙が有効性を主張・

立証することになります。他方、丙の遺言能力については、遺言無能力であったことを甲が主張・立証するべきとされています。

一般に、主張・立証すべきことは発生確率が低い事象です。ただ、確率の大小だけが立証責任の分配に関係するわけではなく、立証のコストも重要になってきます。968条の方式に則っているか否かについては立証が容易ですので、どちらにしてもこの点は立証コストの点ではあまり変わらないようにも思われます。

ということで、自筆証書遺言の有効性の例も、ある程度枠組みに沿っているのかなと思います。

第4　経済学からみた立証責任の分配(2)：行為のコントロール

レジュメの第4（本書116頁）のところは、もう少し話がややこしくなります。

第3節では訴訟に関係するコストのみに着目しており、どちらかといえばわかりやすい結論が導き出されましたが、訴訟に至る前の段階の当事者の行動を考慮することが必要になる場合もあります。不法行為はその典型例ということになります。この第4節では、訴訟前の行動に関する当事者のインセンティブを考慮したSanchirico（2008）、Chris William Sanchiricoのモデルを取り上げます。ただし、これはなかなか複雑なモデルでありますから、モデルの初めの部分のみを説明したいと思います。細かい点は今日の議論にあまり関係ありませんので、深入りしないことにします。

1．一次行動のコントロール

重要なのは一次行動のコントロールを考慮したモデルだという点です。手続法も、実体法が促進または抑制の対象とする行動に影響を及ぼしうる、ということです。

事前の視点からすると、実体法は人々にインセンティブを付与し、そしてある行動を促進したり抑制したりするシステムです。そうだとすると、手続法も、一次行動に影響を及ぼしうるだろう、というわけです。

2. Sanchirico (2008) のモデル

　Sanchirico のモデルは、立証責任に関するルールが一次行動にどんな影響を及ぼすのかを考えるためのモデルです。

　先ほどのモデルと同じように、ここでも単純化のための仮定を置きます。まず、一次行動が適切であれば、例えば、運転のときに適切な注意を払うとか、契約内容に従った履行をするなどといったことだと思っていただきたいのですが、その場合は証拠のコストは小さくなります。

　そして、当事者は訴訟における相手の出方を考慮しながら一次行動を選択する、と考えておきます。これは厳密に成り立たなければならない、という仮定ではありません。つまり、訴訟での相手の出方まで常に意識している必要は、本当はそこまではなくて、ただそのような傾向があれば十分です。これも単純化のための仮定だと思っていただければと思います。

　さて、当事者のインセンティブと予測される結果についてみていきます。まず記述的分析のほうです。ここに b や Δ といった記号が書いてありますが、要するに当事者は自分にとって得になるような行動を選択するということです。b のほうは、被告が不適切な一次行動をとることによって得られる利益、つまり注意を払わないとか、こういったことによって得られる節約分というふうに考えていただくとよいかと思います。

　Δ のほうは、不適切な一次行動をとった場合に、被告が訴訟によって受ける損失と、適切な一次行動をとった場合に被告が訴訟によって受ける損失の差、つまり、適切な一次行動に切り替えた場合に得する分です。これらを比較するということになります。Δ は「注意を払うことによって訴訟上得られる便益の増分」ですので、もし b よりも Δ が大きければ、当事者は適切な一次行動を選択します。

　それを前提として、原告に立証責任がある場合と被告に立証責任がある場合の当事者の行動について検討します。この検討はややこしいのですけれども、ごく大雑把に言えば次のような結論になります。

　原告に立証責任がある場合は、被告のほうは、敗訴したときの支払額が十分に大きいのであれば、適切な一次行動を選択します。原告のほうは、被告が適切な一次行動をとる限りは訴訟を起こしません。

他方、被告に立証責任がある場合はこのようになります。被告は自分にとって得になるときにのみ適切な一次行動を選択するのですが、今度は「敗訴したときの支払額」と「立証のためのコスト」の差が十分に大きくなければなりません。言い換えると、立証にかかるコストの分だけインセンティブが弱まるということになります。これに対して原告は、被告が適切な一次行動をとる限りは訴訟を起こしません。ここで、ゲーム理論的な分析が実は必要になります。相手がどう出るかで自分の出方が変わってくると、つまり被告がどう出るかで原告の出方がまた変わってくるので、分析を厳密にしようとするとかなり複雑になるのですが、ここでは結論だけ書いております。均衡においては、原告のほうは証拠を提出するインセンティブはないということになります。

次に、規範的分析の結論は次のようになります。原告に立証責任を課す場合のほうが、被告に立証責任を課す場合よりも、まず①被告が適切な一次行動を選択するインセンティブは大きくなる。さらに、②社会的費用は小さくなります。被告が適切な一次行動をとる可能性が不適切な一次行動をとる可能性よりも大きい限りは、社会的費用は小さくなるということです。したがいまして、原告に立証責任を課したほうがよい、という結論になります。

ロジックとしてはこんな感じです。飛ばし飛ばしなのでわかりにくい面もあったかと思いますけれども、結論を一般的に述べると、「立証責任を負担すべきなのは、コントロールの対象となっている側ではなくその相手方である」となります。どうして直感に反すると考えられるかと言いますと、卒然と考えるとコントロールの対象となっている当事者、つまり被告側に立証の責任を課すのが何となく良さそうな気がする。コントロールの対象になっている人にコストを課すほうが良さそうな気がするかもしれないのですが、インセンティブを考慮すると必ずしもそういう結論にはならないということです。

3．具体例

具体例としては不法行為が挙げられます。不法行為の場合、被告の故意または過失を立証する責任は原告にあります。ところが、通常の不法行為のケースでは、原告は相対的に証拠にアクセスしにくいと言えます。「証拠にアクセスしやすい当事者が立証すべき」と考えると、このような分配は説明しにくくな

ります。

　ところが、先ほどのモデル、「立証責任を負担すべきなのは、コントロールの対象となっている側ではなくその相手方」という上記の結論からすれば、不法行為に関するルールを正当化することができます。

　なお、先ほど私は「直感に反する結論」と申しましたが、伊藤先生から必ずしも直感に反するとは言えないのではないか、という趣旨のご質問を講演会前に受けました。その文脈で伊藤先生が具体例を挙げてくださいました。どういう例かと言いますと、原告（業者）は、消費者にとってリスクの大きい契約を締結するという場合には、その内容を消費者に適切に説明する義務を負い、同契約の成立したことを請求原因として、ある請求、例えば報酬請求をするときには、その過程について立証責任を負うとする。原告が立証責任を負う。そうすると、被告は、原告が後日の紛争の発生に備えて、十分な立証手段を保持する、例えば、交渉プロセスをすべて録音したりするかもしれない。もしそうだとすると、被告のほうは、不適切な行動、例えば、強迫まがいの行動をしない、というような例です。

　レジュメでは原告・被告という表現になっていますが（本書118頁）、抑止の対象となる人がここでの被告に当たります。つまり、抑止されるほうの当事者の相手方、そちらのほうに立証責任を負わせるというのがこのモデルの結論です。このレジュメでは抑止される人が被告という前提で書いてありますので、原告・被告とそのまま書いているのですけれども、先ほどの伊藤先生の例の場合は、抑止の対象は強迫まがいの行動をする側ですから、Sanchiricoのモデルの結論と同じ結論となっているということになります。抑止の対象ではなくその相手方のほうに立証責任を負わせるほうがより抑止しやすくなるというのがモデルの含意でしたので、少し説明の仕方が違いますが、同じような結論になっているということになります。

第5　小括：経済学的アプローチの意義

1　これまでの議論のまとめ

　ここで取り上げたのは立証責任の経済分析の一部にすぎませんが、暫定的にまとめると次のように言うことができます。

立証責任の分配に関するルールは、(a)訴訟中の当事者の行動だけでなく、(b)訴訟に至る前の一次行動にも影響を与えることがある、という仮定を置いて分析してきました。

　(a)訴訟中の当事者の行動のみの考慮でよい場合は、潜在的な原告が負担するコストの期待値と潜在的な被告が負担するコストの期待値をそれぞれ計算して、コストがより小さくなるように立証責任を分配すべきである、というのがHayとSpierのモデルの結論でした。

　一方、(b)訴訟に至る前の一次行動の考慮も要する場合は、規制の対象となっている一次行動をとりうる側の相手方に立証責任を負担させるべきことになります。

　ちなみに、立証責任分配のルールとして、ここでの二つのモデルを取り上げましたが、この二つの結果が矛盾するという場合ももちろんあります。考慮要素が違っていますので、当然そのようなことは起こりえます。したがって、前記第3「経済学からみた立証責任の分配(1)」と第4「経済学からみた立証責任の分配(2)」の説明の関係は、それぞれ違った立場、違った考慮要素を念頭に置いた場合の説明を並列したということになります。立証責任の分配の唯一の基準を決めようとしているわけではなく、このように考えればこうなるという考え方を複数ご紹介したという趣旨のものであるとご理解いただければと思います。

2. 立証責任の分配基準に関する議論への示唆

　以上の暫定的な結論は、どのような場合に制度や立法の趣旨に適うか、どういう場合に立証の公平が実現するかという問い（第1の2）に対して別の角度から答えようとするものです。

　訴訟中の当事者の行動に着目する場合は、従来の議論からそれほどかけ離れた結論になっているわけではありません。しかし、一次行動を含めて考えた場合、もっともこういう考慮要素は通常の立証責任に関する議論ではさほど出てこないのですけれども、直感に反しうる結論が出てくるということです。

3. 経済学的アプローチを利用することの意義

　経済学的アプローチを利用することの意義についてまとめておきます。事前の視点と事後の視点を分けて考えた上で、事前の視点を強調するのが経済学的アプローチでした。ある意味では不自然な試みをしているということになります。通常の人の感覚では、これらはあまりはっきりと分けられているわけではありませんが、経済学的アプローチでは事前の視点を明確に切り出します。そのような不自然な試みを通じて、法が実際にどのような効果をもつかを明示的に検討しようとする、この点に経済学的アプローチの目的があります。

　要件事実のあり方や主張立証責任の分配は、法の実際の作用を左右する極めて大きな役割を果たします。経済学的アプローチとの親和性は意外とあるのではないかなと私自身は考えております。

　特に、経済分析を行おうとする人が要件事実論から学べることは多いと書いていますが（本書119頁）、例えばこのようなことです。要件事実論では、考察の対象となっている事柄、つまり訴訟の対象となっている事柄を行為ごとに細かく分けて考えます。この方法は経済分析を行う上でも非常に参考になります。経済分析のモデルを精緻化するためにも、この要件事実論の考え方というのは役立つだろうと思っております。

　レジュメに書いてないことなのですが、経済分析の意義として、どういった要素を考慮すべきかということを明示するという意義や、何と何がトレードオフの関係にあるのかを示すという意義もあるかと思います。

　一例を挙げると、不法行為の分野で、ハンドの定式、または過失の判定式と呼ばれるものが出てきます。これは、「事故の回避コストが損害の期待値を下回る場合は、事故回避措置を講じなかったら過失ありと判定される」というものなのですが、よくある批判として、こういう変数は数値化できない、例えば事故回避コストというのは数値化できない、という批判があります。しかし、厳密に数値を当てはめて判断することにハンドの定式の意味があるのではなくて、何と何がトレードオフの関係にあるのか、どういったことを考慮しなければいけないのかということを示すという点に意義があるわけです。このように、厳密に計算するためというよりも、何と何がトレードオフの関係にあるのかを明らかにするという点に経済分析の大きな意義があるのです。

第6 課題と今後の展望

　立証責任の経済分析は決して多くはありません。立証責任の経済分析を進めていく余地は多分に残されています。その一方で、克服すべき課題もかなりあります。今後の展望を示すために、記述的分析と規範的分析のそれぞれについて問題点を述べておきます。

1. 記述的分析について
(1) 当事者はどのくらい合理的に意思決定をするのか

　まず記述的分析のほうです。経済分析一般に対して頻繁になされる批判ですが、果たして当事者は合理的な意思決定をするのだろうか、ということですね。行為者の合理性の仮定をめぐる批判です。これについては、「行為者が合理的な行動を意図的に選択していなくてもよい。結果的に合理的な行動が生き残り、非合理な行動は自然に淘汰されていく」という反論もできることはできるのですけれども、それがなかなか当てはまらない場面もあります。そのようなディフェンスがある一方で、現実の人間の行動を、主に心理学的な実験の方法を通じて明らかにしようとする研究が増えつつあります。行動経済学の応用がその例です。

(2) 実際の当事者は何を目的として行動しているのか

　二つ目です。実際の当事者は何を目的として行動しているのかという問題です。

　この報告の文脈で言うと、Sanchirico のモデルでは当事者が立証のコストを考えて一次行動を選択するということになっていますが、そんなことが実際に起こるかどうかという問題です。ただし、これは場面によっては、例えば企業が当事者となっている場面などでは、もしかしたらありうるのではないかと思います。

　いずれにしても、この2点についてさらなる検討が必要です。

2. 規範的分析について

　規範的分析については、次のような課題があります。先ほど、効率性の基準についてお話をしました。ここで留意すべきなのは、効率性を判断するにあた

ってどのようなコストを算入するかをめぐっては複数の見解があるという点です。

　法に関係するコストとしては、①取引や交渉にかかるコスト、②信頼や注意のコスト、③行為による損害、④紛争解決のためのコスト、⑤強制のためのコスト、いろんなものがあります。大まかに言うと、①〜③は実定法、④・⑤は手続法に関連するコストです。経済分析では実定法に関するコストと、手続法とで分けて論じられる傾向がありました。特定の法律に限定して経済分析を進めていく場合が多いのですが、その結果、コストが別々に論じられやすくなっています。

　ただ、実際の法律の影響を考える際には、こういったコストを全部含めて考えなければいけないということになります。

3．今後の展望

　どのようなモデルも多かれ少なかれ不完全なものです。モデルは現実の世界を捨象したもので、それで完全に人間の行動が説明できるわけではありません。ただ、議論のベースラインを提供してくれるという役割は無視できないと思います。

　とはいえ、実際の訴訟の当事者はどのような目的をもってどのように意思決定を行っているのか。これは重要な論点です。実務に対して何らかの提言ができるほどに記述的分析を精緻化していくためには、実証研究から得られる知見からのフィードバックを通じてモデルを彫琢していく必要があります。なかでも、理論が成り立つための条件、いろんな仮定を置いてきましたけれども、仮定を緩めていくと結論が変わってきます。どういう場合にどのモデルが当てはまるのか、特定するという作業が不可欠になります。いずれにしてもデータによる検証が必要ということです。

　要件事実論も、そのような観点から経済分析に対して示唆を与えうるものだと思います。前に述べましたように、経済分析はある特定の角度から法的問題に光を当てようとするものです。規範的分析の内容を適切で説得力のあるものにするためには、法律問題に対する判断の構造をより精査していく必要があります。

第7　おわりに

経済学的アプローチについて今まで説明してまいりました。意義などについても申し上げましたけれども、違和感を覚える方もいらっしゃるのではないかと思いますので、以下の点を指摘して締めくくることにいたします。

経済学だけではなくて社会科学一般のモデルの意義は、現実に存在する雑多な現象から、細かな要素をとりあえず捨象しておく、という点にあります。捨象することによってメカニズムをより見やすくする。さらに、捨象することによって捨象された部分をより見やすく浮き上がらせるという副次的な効果があります。現実と照らし合わせてみると、実は捨象した部分のほうが重要だった、ということもよくあります。行動経済学の発展というのはこういうことを反映しているということになります。

このような思考プロセスは、要件事実論における議論の構造と類似している、という印象を私はもっております。なかでも、「オープン理論」で言う「オープンになっている部分」は、社会科学のモデルにおいて「とりあえず捨象された部分」と実質的には同じ機能を果たしていると考えています。

要件事実論も社会科学も、つまるところ、人間が行う一種の「判断」あるいは「認知」ですので、思考プロセスが類似していても何ら不思議ではありません。それぞれ違った仮定を立てながら、つまり現実に存在する要素を違った角度から捨象しながら、似たような形の筋道をたどっている、というふうに考えられます。

私の報告は以上です。ありがとうございました。

伊藤　飯田先生、どうもありがとうございました。

吉良先生も飯田先生も時間をきちんと守っていただいたために、若干の剰余が、宝のような時間が生じていますが、皆さんもお疲れと思いますので、休憩の時間をゆっくり休んでいただくということで、ここで休憩としたいと思います。

先生方ありがとうございます。

（休憩）

伊藤　それでは、休憩を終わり、河村先生からお話を伺いたいと思います。河村先生、よろしくお願いいたします。

[講演３]
法の解釈において基礎とされるべきもの──要件事実の決定における実務家の悩み

河村浩　今、東京高等裁判所民事部で勤務しておりまして、平成26年に着任いたしまして、３年ほど経ちました。

今日は両先生からお聞きした話は、非常に新鮮かつ刺激的なお話でありまして、特に吉良先生のお話は大変難しかったんですけれども、生成滅失する証拠を中心にして、現在主義的な世界観、これは現代の法実践と非常にリンクしていて、そういう方向が望ましいというお話がありました。お話を聞いておりまして、確かに証拠というのは、どんどん逃げていきまして、なくなってしまうんですね。それで、やはり一定時間内に紛争とか訴訟とかいうことを解決することを念頭に置く当事者、あるいは、広い意味では代理人の先生方も含まれるのかもしれませんが、これらの方々にとっては、立証困難ということがどうしても避けがたいところであります。立証困難が、一般的、類型的に想定される場合ですね、これにどのように対処すべきであろうかというような要件事実論上の問題を吉良先生のご報告をお聞きして感じました。

それから、飯田先生のご報告をお聞きいたしまして、私だけかもしれませんが、やはり実務家は、なかなか将来のことまで見通して、人間の行動がどのように変化してどういう社会的帰結が望ましいのかといったような視点で、あまり物事を考えないように感じました。ただ、そうは言いましても、やはり利益衡量とか、対立利益の比較をするとかの局面におきましては、どのような判断あるいは解釈が将来的に望ましいのかという視点、これは、やはり、それほど意識しないにせよ、考慮しているのではないか。そういう意味では、飯田先生の事前の視点から将来の人間の行動に対する影響といった問題も非常に重要であるという感じをもった次第でございます。

自己紹介をさせていただきますと、先ほど、３年ほど高裁にいるということ

を申し上げたのですけれども、私、平成5年に任官いたしまして、ちょうど来年で在官25年ということになります。途中、公害等調整委員会という行政庁に出向していた期間がございます。公害等調整委員会に出ました直前は奄美大島の鹿児島地裁名瀬支部というところにおりまして、そこは、非常に自然豊かな良いところでありまして、そのまま環境紛争を扱う公害等調整委員会に出向いたしましたので、これも何かの縁なのかなと思って行政庁でいろいろな仕事をさせていただきました。

1　はじめに

さて、レジュメに沿ってお話させていただきたいと思いますが、今日のテーマでありますけれども、法解釈において基礎とされるべきものというテーマで、副題として要件事実の決定における実務家の悩みとさせていただきました。実務家の悩みは、法の解釈にだけではなくて、事実認定にもあるというのは実務家共通の認識ではないかと思います。今日は、事実認定の問題も重要ではありますが、法の解釈と呼ばれている営みにおいて、普段、民事事件を担当している者がどのような悩みを抱いているのかを、若干お話をさせていただきたいと思います。

レジュメの「はじめに」というところ（本書123頁）に、総論的なことが書いてあるのですけれども、トゥールミンの議論の構造が書いてあるのですが、通常の三段論法と呼ばれるものとどこが違うかと言いますと、要は、大前提の規範的命題の根拠となる部分が明示的にですね、三段論法では現れないので、そこを明確にするといった点が違います。その根拠は、ここではB（backing）と書いていますけれども、裏付けでありまして、これは制定法の条文であることもありますし、今日お話する内容の、広い意味での立法事実、法律とか法解釈とかを支える社会学的な事実、そういったものを広く指しております。このような立法事実も、Bに相当するものとして理解しております。

社会学的事実、あるいは社会的事実といったものは法の解釈において基礎とされるべきものなのですが、要件事実とか司法事実とか判決事実とか呼ばれております事実とは対照的に、この立法事実、広い意味での立法事実となりますが、これは、なかなか意識の俎上に上らない、上りにくいといったところがご

ざいます。例えば、今日は、制度趣旨とか、歴史的立法者意思とかそういうお話もさせていただきたいと思うのですけれども、これが明示的に事実認定の対象であると考える実務家は少ないのではないか。何となく教科書を見て、なるほどこの条文の制度趣旨はこうか、ならばこの解釈が良いだろうと、その程度の扱いなのではないかという感じがいたします。

　この「はじめに」の部分で重要な点の一つは、要件事実の決定の仕方について、裁判規範としての民法説によると書いている部分です。実務で事件を処理しておりますと、自分は○○説に立つとか、自分は××説に立つとか全く意識しておりませんでして、やはり事案適合的な解釈を採用しているというのが実情だろうと思います。けれども、大きな枠組みで言えば、多くの人が、条文あるいは法律要件の制度趣旨、あるいは歴史的立法者意思、そういったものを考慮した上で、それに沿うような形で、一方で、制定法の条文の構造とか、あるいは文言とか、法体系とか、そういった点も考慮に入れながら、最終的に妥当な要件事実を決定するというふうに考えているんじゃないかと思います。そういう意味では、実務は、厳密な意味では、裁判規範としての民法説に立っているとは言えないかもしれませんが、広い意味では、裁判規範としての民法説と同様の考え方で要件事実を決定ないし解釈しているのではないかと、私自身は感じています。

　さて、そのような考え方を前提にいたしますと、レジュメで言いますと1の(4)のところ（本書124頁）でありますが、広い意味での立法事実といったもの、これの取扱いに関するルールですね、実務的には明確ではないというふうに思っております。事実認定とか、他の訴訟運営とか時間をかけるべき課題が山積している中でですね、法の解釈を基礎付ける社会的事実だけを一生懸命熱心に集めるわけにいかない。そういった事情もありまして、どこまで社会的事実の収集をやればいいのか、どの範囲の事実を捉えればいいのか、どの程度の時間をかけて検討すればいいのか、誰が出す、どのような証拠で判断すればいいのか。以上の点が明確ではないわけであります。極端な話、当事者が出す証拠じゃなくて、自分で国会図書館に調べに行って文献を読むというのもありうる話だと思いますし、自分の手持ちの教科書を読んだりする、そういったこともありうると思いますし、そのあたりどのような手続で、どのような範囲のものを

斟酌して法の解釈の基礎とするのかが、実務的には、非常に曖昧だなと感じているところであります。

2　法の解釈──要件事実の決定──において基礎とされるべきもの

　レジュメの2頁（本書124頁）のほうにいっていただきますと、ここでは、一般的に要件事実論あるいは裁判規範としての民法という考え方が重視する概念を列挙しております。

　その一つ目は、制度趣旨であります。もちろん条文の文理、構造、法体系の視点も極めて重要かと思いますが、それらも考慮に入れた上で、あるべき制度趣旨はどのようなものであろうか、こういうことを考えるのが大変重要ではないかと思っております。制度趣旨といっても、いろいろな概念があると思いますが、まずは、法律を作った人がどう考えていたか。この法律を作った人という範囲が問題になるわけですけれども、そこには、非常に難しい議論がありますので、とりあえず置いておきまして、立法担当者という形で抽象的に申し上げますが、そのような人たちが、どのような目的、意図で法律を作ったのかという歴史的立法者意思を事実として認定するという作業が必要であろうと思います。

　後で（後記3(4)）、利息制限法の話もさせていただきたいと思いますが、その中で、どういう意図で質屋営業法の規定を改正したのかがはっきりしないところがありまして、古い時代の法律には、そういうものもないではないということでございます。制度趣旨といった場合には、ある特定の制度のもつ規範目的とか、意図するところとかといった意味と、制度に関連する要件事実の立証責任の問題として、例えば、被害者が立証することを想定しているとか、あるいは、被害者じゃなくて相手方のほうが立証することを想定しているとか、そういう立証責任に関する制度趣旨もありうるかと思います。

　その二つ目が、立証困難性です。先ほど冒頭でちょっと立証困難性のお話もさせていただいたんですが、これは、法解釈の問題ですので、個別的に、この事案では、極めて原告にとって立証が難しいとか、そういった事情ではありません。そういった個別的事情の存否は、個別具体的な案件で立証が難しい場合にどの程度、証明度を下げるか、下げないかという議論かと思いますので、そ

れは、証明度軽減と言われている問題と思います。ここでは、法の解釈において、一般的、類型的な観点から、例えば、原告側に立証責任を課した場合には、極めて立証が困難になると予想されるのかといった、ある程度類型的観点からの立証困難性を想定して申し上げています。

　その三つ目が、経験則の問題でありますけれども、経験則も非常に幅の広い概念でありまして、人によって定義が違うこともありますが、一応、ここでは、因果関係に関する法則的命題と限定して申し上げておきたいと思います。経験則は、統計学とも接点をもつ概念であると書いておりますけれども、因果関係に関する法則も、統計的処理がなされたものであれば、極めて科学的な法則として通用する場面がありうるのではないかと思います。典型的には、疫学的な法則でありまして、公害やある特定の健康被害に関する損害賠償請求ですと、疫学的な法則が出てまいります。その中で、相対危険度とか、オッズ比とかですね、そういった指標を用いて、これぐらいの確率でこういう事象が起きると法則的に明らかにされているものもございます。そういった科学的な法則を含めて、ここでは、経験則を広く捉えることにしたいと思います。

　それから、紛争の基礎にある社会的実情が、今、申し上げた立証困難性とか、経験則とかを論ずる場合には極めて重要ではないかと感じておりますけれども、社会の実態というものがどうなっていて、例えば、取引ですと、どういうような形態で取引をするのが普通なのか、証拠に関して言いますと、こういう場合には、通常こういう証拠を保存しておくのではないかとかですね、そういった社会の実態、それを広くここでは想定しております。

　その四つ目が、正義・公平と書いておりますけれども、これは、非常に多義的な概念であります。とはいえ、実務では、こういう解釈をとると、正義・公平に反するとか、そういった主張の記載された準備書面が、法解釈が争点となる訴訟ではよく出てくるわけであります。そのような準備書面において、正義とか公平とかいう概念が明確にされた上で、これに反するという主張がされているわけではないんですけれども、なんとなく感覚的には言われていることはわかるといったことは多いわけです。この正義・公平という問題も避けては通れない問題と思います。ただ、ここで言っている正義・公平というのは、一般的にある特定の状況を全く前提としないで、根源に遡って正義・公平を考える

といった哲学的な話ではなくて、ある社会的状況を前提とした上で、当事者の利益のバランスとしてどうなのかということを問題にしている概念だとご理解いただきたいと思います。

先ほど申し上げたような歴史的立法者意思ですとか、紛争の基礎にある社会的実態、それから、正義・公平、一般人の法意識、といったことを含めまして、整理させていただいて、書いておりますのが、レジュメの3頁の2の(5)のところ（本書125頁）であります。基本的な私の考えとしては、歴史的立法者意思を、つまり、立法者はどういう意図でその法律を作ったのかということを、事実認定の問題として一応確定いたしましてですね、それが正しい、つまり、妥当かどうかということを検証する上では、紛争の基礎にある社会的実態はどうなのか、一般の人の法意識がどういったものなのか、最終的に利益のバランスとして正義・公平にかなっているのか、といった諸要素を総合考慮いたしまして、さらに、先程来出ておりました立証困難性の視点も加味して、あるべき制度趣旨にかなうように最終的に要件事実はこうだと確定する、そのような思考過程をとるべきではないかと思っております。

今、申し上げました事情は、法体系ですとか、条文の文理とか、条文の構造——本文・ただし書とか、1項2項とか、そういったことではない、それ以外の事情として出てまいりますので、この点において、基礎法学との協働が避けては通れない問題になるものと思っております。

3　要件事実の決定における実務家の悩み

レジュメの3頁の3の部分（本書126頁）、実務家の悩みというところであります。先ほど、冒頭で申し上げましたように、限られた時間内に紛争を処理しないといけないという実務家の立場からしますと、どのような範囲で広い意味での立法事実を斟酌して、解釈の用に供するのかが悩みの源泉でありまして、このあたりのルールがはっきりしてないということも、その一因になっているのではないかと感じております。

(1)　民法94条2項類推適用における本人の帰責性の程度

具体的な問題に入っていきたいと思うんですけれども、まず、不動産取引に

関する請求がありまして、これは、著名な論点で、94条2項類推適用の問題ですので、皆さんご承知のことと思います。要件事実論としては、不動産の元所有者が、現在の所有権移転登記の名義人である第三者に対し、所有権移転登記の抹消登記手続請求をしましたときに、第三者から抗弁として、94条2項類推適用によって自分は所有権を取得している、相手方である本件の不動産の元所有者は所有権を喪失しているという主張を出したときに、第三者は、自己が善意無過失であることのほか、ここでは、不動産の元所有者の落ち度として、こういう落ち度があるということを言わないといけないでしょうし、逆に、言われた本人（不動産の元所有者）の側も、そうは言うけれども、やむを得ない事情があったんだというような落ち度の評価を障害するような事情を再抗弁として主張しないといけないということが問題になるわけであります。

　問題は、どのようなものを本人の帰責性の評価根拠事実あるいは評価障害事実として捉えるのかといったところにございます。評価的要件一般について申しますと、実務的には、評価的要件が登場した途端に、要件事実の構造が曖昧になり、何が根拠事実で、何が障害事実かが判決書の上ではっきりしない、そのようなことが度々発生いたします。これは、おそらく実務家としては、これは、評価であり、その評価を基礎付ける事実が要件事実だというところまでは理解はしているんですが、具体的に、何が類型的な評価根拠事実で、何がそうではない評価障害事実なのかがあまり書籍に書かれておらず、自分で考えるしかないといったこともありまして、急にそのあたりの区別が曖昧になるのではないかと思います。ここで問題になるのは、大きなところといたしましては、紛争の基礎にある社会的状況、特に取引の実態ということだと思いますが、それがどういうものかが問題となるわけであります。

　平成15年最判と平成18年最判を挙げておりますので、ごく簡単に内容だけ説明させていただきたいと思います。

　まず、平成15年最判のほうでありますが、これは、結論的には、不動産の元所有者の帰責性を否定している判決でございます。元所有者をXと呼びますけれども、Xは、不動産業者に土地建物を売却いたしました。土地の地目変更に必要だと、田んぼから宅地にするのに必要だからと、白紙委任状と印鑑登録証明書、登記済証、今はありませんけれども、当時はありまして、今は登記識別

情報というんですかね、登記済証をくれと言われて渡しました。その交付を受けた業者が、本来、売買契約を結んでおりましたので、代金をXに払わないといけないのですけれども、とりあえず、地目変更をして、所有権移転登記手続をするからと言って、そのまま代金を払わないまま他人に土地建物を売ってしまったという事案です。しかも、その他人が売った先から、さらにまた売った先があって転々譲渡したという事案です。最高裁は、不動産の元所有者の帰責性を否定しているわけですが、そこで重視されている事情は、次のような事情です。すなわち、第三者・転得者への登記が非常に短期間のうちに転々と移転しているという事情とか、元所有者である原告Xが、不動産取引の経験がない素人同然の人であったとか、登記が短期間に移転しておりますので、登記記録を閲覧して、そういう事実を知っていたとか知りながら放置していたとか、そういった事情がないということであります。それから、この地目変更に必要だからと言って重要書類の交付を受けた業者ですけれども、元所有者Xからあの書類はどうなったんだといった問い合わせがあっても、非常に言葉巧みに言い逃れをしていたという事情もありました。このような事情を総合すると、本人である、不動産の元所有者Xの帰責性は認められないのではないかという理由で、審理不尽、つまり、今申し上げたような点が審理されていないということで破棄して原審に事件を差し戻した事案でございます。

　次に、平成18年最判のほうでありますが、こちらは、逆に、不動産の元所有者の帰責性は認めているという事案であります。こちらの判決の結論は上告棄却です。不動産の元所有者、Xと言いますけれども、Xは、自分の持っていた土地建物を、知り合いの土地開発公社の職員を信用して、土地建物の賃貸に関する事務を委託していた。第三者に土地建物を貸して借主を見つけてくれとか、その賃料の管理をしてくれとか、いろいろな事務をお願いしておりました。管理の諸経費として、Xがその職員に対し、お金を渡して、それの精算に必要だからと言われて、二回にわたって複数通の印鑑登録証明書を渡して、長期間、登記済証を預けたと。Xと土地開発公社の職員との間で、なぜか売買契約書が作られておりまして、その売買契約書は、土地建物の賃貸とは何の関係もないのですけれども、Xは、その内容も確認せずに、署名押印をしていると。その売買契約書に関連して、土地開発公社の職員が、その職員に所有権移転登記を

するための登記申請書に、Xの実印を、Xの見ている前で押印しているのに、Xは、何も文句を言わなかった。そういった事情があり、当然のことながら、その職員に所有権移転登記がされて、その職員が第三者に土地建物を売ってしまった。本件訴訟は、その不動産を元所有者のほうから第三者に対し、所有権移転登記の抹消登記手続を求め、取り戻そうという訴訟です。今言ったような事情がありますので、最高裁も、Xが、①必要ではない登記済証を、合理的理由もないのに、長期間、その職員に預けたとか、②印鑑登録証明書を一回だけでなく、二回にわたって複数通をその職員に渡しているとか、③その職員との間の不動産の売買契約書の内容を確認もしないで署名押印しているとか、④その職員へ登記を移転するための登記申請書に、Xの見ている前で、自分の実印を職員がXの目の前で押印しているのに何も文句を言わなかったとか、以上のような事情を総合して、不動産の所有者であるXの行為はあまりに不注意な行為であるとして、本人の帰責性を肯定いたしました。

　今申し上げたような平成18年最判と、先ほど申し上げました平成15年最判とは、それぞれ事案が違いますので、結論が逆になっても、おかしいことではないのですけれども、私が思いますに、平成18年最判の事案では、不動産取引において、一般的に重要と思われる登記済証、印鑑登録証明書等の重要書類を合理的理由なしに相手方に簡単に渡してしまうといった意味での落ち度が本人にあるという事案であり、そういった事情が、本人の帰責性を肯定する方向での根拠事実として考慮されたものと思います。

　一方で、平成15年最判の事案では、本人に不動産取引の経験がなく、業者から言葉巧みに言われて重要書類を渡してしまった、しかも、本人が業者に問い合わせたんだけれども、所有権移転登記が短期間に第三者に移転しておりますので、そうそう簡単には登記を回復することができない状況にあり、相手方が悪質だという事情もあって、結論的には、本人の帰責性が否定される可能性があり、事件が原審に差し戻されております。

　両事案では、重要書類の交付について本人にやむを得ない事情があったかどうか、という点で、本人の帰責性の評価に差が出ているのではないかと推測するわけでございます。

　そうしますと、重要書類というものが不動産取引において社会的実態として

どのような意味をもつのか、不動産取引を行う、あるいは行おうとする人にとって、不動産取引を過去に何回もやっている人とそうでない人とで、重要書類の意味は違うのか、そういった点が本人の帰責性評価においては、問題になってくるのではないかと思います。

　また、正義・公平という観点からいたしますと、本件のケースは、一つの経済的パイを巡って争っていると言いますか、土地建物という不動産につき、元所有者が自分のものだと言い、第三者が自分のものだと言い、相争っておりますので、利益の対立状況がある中でどちらに回収不能のリスクを負わせたほうがいいのかという、ある種の利益衡量のバランスの問題になっていると思います。相当昔ですけれども、法と経済学の本、グイド・カラブレイジの『事故の費用』（小林秀文訳、信山社、1993年）を読んだときに、cheapest cost avoiderという言葉が出てきて、なんだこれはと思ってですね、日本語訳をみると、「最安価費用回避者」とありまして、すごい日本語を作るもんだなと思いましたけれども（笑）、本件のケースは、まさにそのような話が問題になっております。つまり、不動産の元所有者には、注意してだまされない、不動産をとられないようにする、とられたとしても、すぐに取り戻す努力をするというコストがあり、他方、第三者には、自分が注意をしていろいろ調査をして、これは、いわゆる危険な物件ではないことを確信してから買うというコストがあり、どちらのコストのほうが安いのか（いずれの当事者が最安価費用回避者なのか）という話にも通じる点があると思います。ある一つの経済的パイを巡って対立当事者が争っているような事案ですと、ある種の分配的正義が問題になっているように思いますので、そういうときには、コストの比較というのも、利益のバランスを考える上では関係してくるのではないかという印象をもっています。

(2) 準消費貸借契約における旧債務の主張立証責任

　それから、契約に基づく履行請求といたしまして、準消費貸借契約における旧債務、元の債務の主張立証責任は、原告（貸主・債権者）にあるのか、被告（借主・債務者）にあるのかという問題を取り上げたいと思います。被告のほうが主張立証責任を負うとする考え方（被告説）では、その立証対象事実は、旧債務の不存在ということになりますけれども。この点については、被告説に立

つ確定した最高裁判例がありますので、議論をしても結論は決まってるじゃないかと思われるかもしれませんが、実務で事件を担当しておりますと、最高裁の採用する被告説では、極めて座りが悪いと感じられるケースが結構ありまして、いつも悩ましいと思っています。高等裁判所で判決をするときは、上級審は最高裁しかありませんので、最終的には被告説で判決書を書くのですが、なかなか難しいところがありまして、なぜ難しいと感じるのかを自分なりに考えてみますと、今回、レジュメに書かせていただいたような視点が関係しているのではないかと思うに至りました。

歴史的立法者意思の視点は、本件では、あまり重要ではないと思います。

問題は、紛争の基礎にある社会的状況、つまり、取引の実態、ここだろうと思っています。一般に、被告説に賛意を表する方々は、旧債務に関する証拠、証書は、債務を切り替えてしまえば、捨てるか、債務者に返してしまうかして、債権者（貸主）の手元に証書がないのだから、債権者に旧債務の発生原因事実について主張立証責任を負わせるのは相当でない、とされるのが通例かと思います。この考え方は、債権者の債務者に対する債務履行請求に対して、債務者が弁済の抗弁を出すときには、債務者が債権者に通常お金を払えば、債権者から領収証がもらえる、したがって、債務者が領収証を出せば弁済の事実は立証することができるんだから、不都合はない、それと似たような構造にあるということです。旧債務を新債務に切り替えたことで、旧債務についてのある種の弁済が行われたと考えれば、旧債務の証書は返してもらえる、それを債務者が保存しておけば、旧債務に関する抗弁は出せるでしょうという発想かと思います。ただ、実際の社会的実態はその逆である、つまり、実際には、債務を切り替えても債務は残っておりますので、旧債務に関する証書は返さないというのが社会的実態であるとか、その証書は破棄しないで、ずっと債権者が持っておくのが普通であるとか、このようなことが社会的実態であるとすればどうでしょうか。今は電子化が進んでおりますので、旧債務に関するデータは顧客のデータベースに入っているとか、証書を現物自体は捨てるのかもしれませんが、例えばPDF等で電子ファイル化して電子媒体として保存しておくとか、貸金業者であれば、たぶんそういうふうにするんだろうなと思います。私は、貸金業者ならそうするんだろうと言ったのですけれども、確信はなくてですね、た

ぶんそうじゃないかなと思うというぐらいであります。例えば、証書を切り替えたときに、旧債務の証書はどうしているのかといったことについて、きちんと書かれている文献は、私が調べた範囲ではなくてですね、そういった文献があると非常に助かるなと思った記憶があります。

　貸金業の業界団体等にアンケート調査をして、実際にどうしているのか聞いてもらえるとよいなと思うのですけれども、訴訟で調査嘱託をして調査するという方法もあるのかもしれませんが、限られた範囲で審理をしておりますので、そこまで当事者の費用で実施するのもどうかなと思いますので、実施したことはありません。したがって、この実際の取扱いは謎のままなんですが。

　最近、梅本吉彦先生の注9（本書128頁）に書かれていますご論稿がありまして、証書を書き換えた場合の旧証書を破棄するかという点について、いろいろと書かれておりまして、非常に参考になる文献だと思います。この注で挙げている部分につきましては、常識的な社会通念に照らすと旧債務に関する文書は保存しておくんだと書かれておりまして、私もそうではないかと思うのですが、その常識的な社会通念に何か客観的根拠があると非常によいのになぁと思ったりもします。以上が、準消費貸借契約に関する悩みであります。

　なお、正義・公平の視点という部分、レジュメの5頁（本書128頁）にあるのですが、これは、今のような社会的実態を前提として立証責任の分配が妥当かどうかという話でありますので、この点は、基本的には、先に述べました社会的実態の問題に解消されるのではないかと思います。

(3)　いわゆる製作物供給契約（非典型契約）

　製造物供給契約、レジュメの5頁の（ウ）のところ（本書128頁）ですが、これは、レジュメには、非常に抽象的に書いてありまして何を書いてあるのかとお思いになった方もおられると思います。ここに挙げております東京高裁平成28年1月28日判決の事案を紹介させていただきます。控訴人が一審原告でして、一審原告は、請求棄却判決を受けて敗訴し、控訴をしているので、控訴人と一審原告は一緒の当事者であります。被控訴人（一審被告）は、車両や車両付属部品を売ったり輸入したりしている会社です。控訴人（一審原告）と被控訴人（一審被告）との間で結ばれた本件契約は、1960年代の外車を、リストア

restoreと言いまして、1960年代風にして一般車道を走ることができるように復元修理した上で750万円で譲渡するという契約でした。実際に本件契約を結んだ時点で存在するのは、ボディと積み下ろされたエンジンだけで、本件契約は、タイヤ、サスペンション、ホイールとかそういった部品は、1960年代風にして、車両に設置し、顧客の意向も受けて改造していくという取引でありました。こういう契約が問題になりましたときに、単に中古車の売買契約だと言ってしまえば、普通の売買なので、レジュメの囲みの中に書いてある部分（本書128頁）のように、仮に、車両の引渡しを受ける者が、リストアされた車両を引き渡してもらえないので、本件契約を解除したいといったときに、自分が相手方に負っている金銭支払債務の弁済の提供が必要かという問題が生じます。本件契約が単なる中古車の売買ですと、そのまま売買のロジックが当てはまるということになると思います。すなわち、本件契約の履行請求として、金銭支払請求を受けた車両の譲渡を受ける者が、本件契約の解除の抗弁を提出するためには、再々抗弁である自己の負う金銭支払債務の弁済の提供を解除の抗弁へせり上げる必要があるということであります（「せり上がり」につき、伊藤滋夫『要件事実の基礎〔新版〕』（有斐閣、2015年）365頁参照）。

　さて、東京高裁平成28年1月28日判決では、1960年代という今から50年前の古い車をリストアして譲渡するという契約が、請負的な要素が全くないのか、単なる中古車の売買なのかという点が問題になりました。単なる中古車の売買ですと、前記のとおり、解除するときも、相手方の同時履行の抗弁権をつぶすために、自分の金銭支払債務も弁済提供して解除しろということになるのですが、果たしてそうなのか。本件契約に請負的要素が含まれるといたしますと、仕事が完成する前でありますと、仕事の完成が先履行ですので、仕事が完成する前に解除するのであれば、自分の金銭支払債務の弁済の提供は必要ないという帰結になりそうです。そこで、上記事件では、本件契約の性質決定と言いますか、そこが争点となったわけです。

　上記判決は、本件契約は、本件契約時に存在したボディとエンジンに、顧客の意向を受けて1960年代風に復元して譲渡するという契約ですので、単なる売買ではなかろうということで、請負と売買の双方の性質を有する契約であるとしました。本件では、仕事の完成前（車両のリストア前）の解除でしたので、

その時点では、金銭支払債務の弁済の提供は不要であり、解除は有効であると認めました。

実務家の悩みとの関係で申し上げますと、1960年代といった今から50年前の外車を、750万円という高額な金額で取引するという契約について、そのような特殊な中古車の取引の実態を知れというのは、裁判所に対する過大な期待じゃないかと思ったりもするのですが、ただ、本件では、本件契約には、請負の部分があるのか、単なる売買なのか、そこがわからないと、事件を適切に処理することはできません。業界慣行としては、こんなの売買だよと言われるかもしれないんですよね。もとより業界慣行そのものが、そのまま社会的実態になるわけではないと思いますけれども。この事件では、契約書は、「売買契約書」と書いてあるんですね。被控訴人は、本件契約は普通の中古車の売買だと主張していましたので、そういう見方もあるのかなと思ったりもします。ただ、本件契約時には、車両のボディとエンジンしかない契約でしたので、結局は一種の混合契約だと考えるのが正しいと思いますが、なかなか悩ましい部分がございます。

正義・公平のところで書いております交換的正義というのは、同時履行が問題となるという以上の意味はありませんので、あまり重要な話ではございません。今申し上げたような車両をリストアして売るという契約の性質決定の問題は、紛争の基礎にある社会的状況がわからないと適切に処理することができませんので、ここに取り上げさせていただきました。

(4) 質屋営業法36条の質契約の利息と利息制限法の適否

先ほど（前記２）、利息制限法のことを申し上げると言いましたのが、レジュメの（エ）（本書129頁）の質屋営業法の話であります。質屋営業法36条は、私もまだ生まれておりませんが、昭和29年に出資法ができたときに合わせて改正された規定です。レジュメの６頁（本書130頁）ですね、昭和29年の法改正で、質屋営業法36条が追加されました。質屋営業の利息は非常に率が高いんですけれども、質取引の利息を年109.5％に制限して、この範囲ならいいよという規定になっておりまして、ただ、一方で、利息制限法がありますので、この範囲でいいよと言われても、利息制限法の適用があるのであれば、制限超過利息の

元本充当の話になるのですけれども、そういうことが問題となった事件でございます。

ちょっと戻っていただいて、レジュメの 5 頁（本書129頁）のところでありますが、いくつか裁判例を挙げているんですけれども、①の名古屋地裁の判決と、②の静岡地裁沼津支部の判決とは、結論は利息制限法が適用されないという結論では一致しているのですけれども、質屋営業法36条の立法趣旨の捉え方として異なる判断をしているということで取り上げさせていただきました。

この問題の要件事実論としての位置付けは、囲みの中（本書129頁）に書いてあるとおりでありまして、要するに、過払金（不当利得）返還請求に対して、質屋の取引だから利息制限法の適用はそもそもないよというのが、仮に抗弁になるとしますと、請求原因で当然質取引が出てしまいますので、せり上がりの一部と言いますか、抗弁の不利益陳述をしてしまうので、あとはその抗弁をつぶす何かもっと下の系列の主張（再抗弁）があれば、請求原因にせり上げるのですけれども、それが見当たらないので、そのまま主張自体失当になってしまうのかどうかという話であります。

次のレジュメの 6 頁（本書130頁）にいっていただきますと、先ほど申し上げた①の名古屋地裁の判決でありますが、この事件では、政府委員の答弁等の記載のある国会の会議録が証拠で出ていたようで、政府委員は、はっきりとは言っていないのですが、利息制限法の適用はないことを前提とした答弁をしている、だから、質屋営業には、利息制限法の適用がないというのが立案担当者の意思である、ですので、質屋営業法には、利息制限法の適用はないとして、原告の請求を棄却したという事件でございます。この判決は、なかなか説得力はあるのですけれども、歴史的立法者意思が仮に上記のとおりであって、そういう事実認定が正しいといたしましても、それがあるべき立法者意思（制度趣旨）なのかどうかという検討がなされていませんので、その点の説示が不十分ではないかというふうに感じました。

それから、②の静岡地裁沼津支部の判決でありますが、この判決では、政府委員の答弁は、必ずしも利息制限法の適用を排除することを念頭に置いて言っているわけではなくて、ところどころで、利息制限法によればとか言ってますので、その適用も考えていたんじゃないかと認定しまして、ただ、利息制限法

違反の利息でも、それを受け取って任意に支払ったときは有効と扱う合意の効力を認めるというのが質屋営業法36条の制度趣旨だとして、結論的には、利息制限法の適用はないとして原告の請求を棄却しました。上記判決は、質屋営業法36条のあるべき制度趣旨としては、上記の内容であると判断されたのだと思いますが、逆に、それがなぜあるべき制度趣旨としてそう考えられるのかという理由については、説明が足りないのではないかというふうに感じました。

歴史的立法者意思は、一般的には、あまり曖昧になることは少ないように思うんですけれども、ここで取り上げた質屋営業法は、今を基準にしますと、63年前の法律でありますので、立法資料に乏しいという面は否定することができません。あまりこういう分野の研究をされている学者の先生がおられないようでして、探したのですけれどもなかなか文献がないということで困った記憶がございます。

紛争の基礎にある社会的状況の実態という視点という部分なのですけれども、もし質屋の取引に利息制限法の適用があって過払金返還請求ができるということになると、質屋の営業が成り立たなくなる可能性はないのかという視点もあるように思います。仮に、そうだといたしますと、そういう解釈がよいのかどうかというのは、まさに事前の視点からの人の将来の行動を見据えた上での解釈ということと関連するかと思います。私がテレビで見ているところでは、現在の質屋さんというのは、高級バッグを女性から買い取ってお金を渡してるだけであると（笑）。ですので、そういう社会的実態であれば、質取引は、質物を担保とした金銭消費貸借というよりは、質物の売買なのかなと思ったりもします。それが正しいといたしますと、質取引に利息制限法の適用はなくともよいのではないかと直感的には思いますけれども、それが正しいという保証はどこにもありませんので、ちょっともやもやするところが残るように思います。

正義・公平の視点で書いておりますのは、消費者金融の取引ですと、過払金返還請求ができるのに、質屋での取引だと、その請求ができないというのは、平等ではない（形式的正義に反する）のではないかという問題であります。確かに、質取引の実態が金銭消費貸借であるということを前提にしますと、そういう問題もあるように思います。しかし、現在の質屋の取引といいますのは、先ほどのように、実際は質物の買取りだといたしますと、カードによるキャッ

シングではなくて、カードで物を買ったときに、いくらカード手数料が高いといっても、過払金が発生しないのと同じでありまして、過払金が発生しなくとも、致し方がないように思います。このあたりの価値判断も、社会的実態はどうなのかといった点を確定しないとなかなか確信をもった解釈ができない、つまり、要件事実を決定することができないということになろうかと思います。

(5) 逸失利益の所得の平均値による算定

　レジュメの６頁の（オ）（本書130頁）の点でありますが、これは、普通に実務で問題になる点で、得べかりし利益（逸失利益）とか、将来の利益とかの問題であります。例えば専業主婦の方で、ずっと働いていないといった方の逸失利益、休業損害とかを算定するときに、所得の平均値を使うというのは、さほど抵抗感はないんですけれども、実際に働いていて、事故前の実収入があって、それが平均値よりかなり低いというときに平均値を使って損害賠償請求をする場合の処理に問題が生じます。加害者側は、事故前の実収入を基礎とすべきであり、それがあなたの損害であると、こう言われるわけであります。このあたりをどうするか。過去の休業損害ですと、確かに事故前の実収入を基礎とすべきであるとそう思うのですが、将来の得べかりし利益の喪失、例えば、事故で後遺障害が生じて後遺障害何級で稼働能力が何パーセント減りましたといったような逸失利益の算定において、実収入の資料がある場合、所得の平均値を使うのはどうなのか。

　ここでは、紛争の基礎にある社会的状況の実態というよりは、一般の人は、事故を起こした場合に被害者の実収入じゃなくて、賃金センサス等の所得の平均値を使って損害賠償請求をされたとき、それは、過大請求だと思うか思わないか、あるいは、実収入があるにもかかわらずそれをあえて証拠で出さないで賃金センサスの所得の平均値で損害賠償請求をするというときに、自分も被害者の立場になることもあるわけだから、さほど抵抗感がないのか、そのあたりの一般人の普通の感覚というのがこういう問題を処理するときには、いつも気になるところでございます。

　レジュメの６頁のところ（本書131頁）に所得の平均値は所得の分布の代表値として正確か？　と書いてあるんですけれど、これは、ややマニアックな話な

ので詳細は割愛させていただきたいと思いますが、要は、所得の分布は、正規分布しないということであります。もし、所得の分布が左右対称でしたら、これほど所得の低い人が多いわけがないと思います。一般に、所得の平均値はかなり高いわけですね。このように、分布の代表値としては高い平均値を使うのがよいのかという議論は、私が言い出したことではなくて昔からある議論でありますけれども、そういった点も若干気になるところであります。

(6) 建て替えざるを得ない欠陥住宅と買主の使用利益の損害額からの控除

最後の点でありますけれども、実例といたしましては、悩ましい問題でありまして、今はだいぶ減ったんですけれど、一時、多かった欠陥住宅の建売の紛争です。欠陥住宅の買主は、施工業者に対し、民法709条に基づき、損害賠償請求をするとき、大体の人はその欠陥住宅に住んでるんですよね。買主は、欠陥があって一日も早く修繕しないと壊れちゃうという主張をしながら、一方で住んでるんですよね。施工業者からすると、そんなこと言っても住んでるじゃないか、おかしいじゃないかと、その使用利益は買主の損害額から差し引くべきであると、必ずこういう主張が出るわけであります。この論点は、今では、レジュメに書きました平成22年の最高裁判決が出ておりますので、買主の損害額から買主の使用利益を差し引くべきではないということで実務的には、決着しておりますので、あまり悩まなくなったのですけれども、平成22年最判が出る前に、とある地裁で勤務しております時には、これがやたら問題となっていると言いますか、かなり事件として多い時代がございました。欠陥住宅かどうかは、専門家の意見書や鑑定で、相当程度はっきりするのですけれども、買主の損害額から使用利益を差し引くかどうかについては、裁判官によってかなり判断にばらつきがありまして、私が勤務していた庁でも、差し引く人と差し引かない人に分かれていました。差し引く人は、現に住んでいて当該建物から現実に利益を受けているのになぜ損害額から差し引かないのか、建物自体は欠陥住宅で他に売れないかもしれないけれども、そこに現に住んでるのだから利益は受けているはずで、なぜ損害額から差し引く利益がないと言えるのかと言って損害額から差し引く考えでした。

他方で、平成22年最判の判示のように、ちょっと形式論的なのですけれども、

社会通念上無価値の建物を使用する利益はないのではないかという理由で損害額からの使用利益の差引きを否定する人もおりました。ただ、以上のような議論ですと、結論に対する決め手がないような感じがいたしました。

　レジュメに書いております紛争の基礎にある社会的実態とは、建売住宅を新築で買った人は、普通、どういう取引条件で取引をするのかということでして、多くの人は、たぶん、ローンを組んでですね、代金を支払い、買った建物に抵当権を設定してローンを払っていくということだろうと思います。当該建物が欠陥住宅なんだから、よそに住まいを移して賃料を払ってそこに住むべきだということになると、毎月のローンの返済と別に借りた建物の賃料を払わないといけない、つまり、二重の経済的負担になるのではないかとか、買主が欠陥住宅に住んでいるのも、誰も好き好んでそんなところに住んでるのではなくて、やむにやまれざる状況として住んでいると推認するのが合理的であるかとか、そういった事情のことですね。

　一般人の法意識という観点からは、欠陥住宅の買主が、よそに屋移りできなくてもしようがないんじゃないかと皆さんお思いになるか、あるいは、営業用店舗だとそれによって収益を上げているのだから、さすがにその場合は使用利益を損害額から差し引くべきではないかといった点が問題となります。欠陥建物の用途によって、控除の可否という結論に違いはあるのかといったあたりも気になるところであります。

　それから、正義・公平の視点というのは、次のような問題です。すなわち、欠陥住宅の施工業者には、いろいろな方がおられて、なかには、訴訟を引っ張るだけ引っ張って長引かせるという人もいまして、訴訟の解決までに相当の時間がかかるんです。施工業者も、事細かく争ってきますので、どうしても、判決まで時間がかかる。そうすると、建物の使用利益を損害額から差し引くことを認めると、訴訟が長引けば長引くほど、施工業者の損害額が減るという関係になりまして、そういったことを許していいのかという問題であります。この点は、平成22年最判の宮川裁判官の補足意見でも指摘されております。

　これまで述べてきたいろいろな事情ですね、これらを総合すると、損害額からの控除否定という平成22年最判の結論が妥当なのだろうと私も思いますし、最高裁も、たぶんさまざまな事情を考慮された上で、理由付けはあっさりと書

かれたのだと理解しております。

　ただ、平成22年最判が出るまでは、下級審では、結構意見が割れていまして、確定的な考え方はなかったと思います。平成22年最判の最高裁調査官解説において、当時の判例評釈類が多数引用されていますけども、その評釈の内容はばらばらです。それぞれが言っていることは、ある意味ではすべて正しいんです。ですが、いずれの結論が良いのか決めないといけないときに、どういう視点からどういう事情を考慮してどういう解釈をとるのか。要件事実論としては、損益相殺否定説に立つと、施工業者が損益相殺の抗弁を出しても、主張自体失当になるというのが正しい答えだということになるのですけれども、その解釈に行く道のりはいろいろあったということでございます。

　ちなみに、レジュメの７頁の（カ）のcfのところ（本書131頁）で、建物を建て替えた場合の新築になったことによる利益控除の可否にも、言及しております。これは、私が思いますに、四宮先生の『事務管理・不当利得・不法行為』の下巻（四宮和夫『事務管理・不当利得・不法行為（下）』（青林書院、1985年）603頁）を読みますと、世界に２枚しかない切手があってその２枚を所有していたのですが、そのうちの１枚を破られた、不法行為を受けたと、そうすると、残りの１枚が３倍の価値に上がったと、だから、損益相殺せよという例が挙がっているのですが、そのような加害者の主張はだめでしょうということです。つまり、その利益は、不法行為によって自動的に生じた利益だから、そのようなものは、損益相殺の対象にならないということであり、建物を建て替えた場合の新築になったことによる利益控除の可否も、それと同じようなことなのかなと思います。欠陥住宅を建て替えたら、買主は、いろいろな意味で利益を受けます。ただし、そのような利益は、建物を建て替えたことによって自動的に発生したものであって、そのような利益まで損害額から差し引くと言い出したら、およそ欠陥のある商品の取り換えとかできなくなりますよね。平成22年最判は、あまり理由らしき理由を書かないで、上記の利益を控除することができないとしましたが、その意図するところは、上記のような理由ではないかと思います。

4　おわりに

　レジュメの7頁から8頁（本書132頁）に書いてある部分です。今申し上げたようないろいろな悩みがある解釈の中で、正義・公平という視点も十分関係するんですが、どちらかと言えば、法社会学的な視点と言いますか、社会の実態は、どうなっていて、どういうふうに人間は行動しているのかというところの深い洞察がなければ、かなり上滑りした法解釈となる危険があるということです。そういった法解釈の誤りは、上級審で是正されるからよいという考え方もあるかもしれませんが、事実審の裁判官も、もし法解釈に争いがあるのであれば、できる限り、堅牢な説得力のある解釈をしたいと常々思っておりますので、多様な視点から物事を考えるという思考は誤りを少しでも少なくする方法として重要ではないかと思っております。本報告は、問題提起にもなっていないかもしれませんが、これまでの実務の営みを振り返ってちょっと懺悔をさせていただいたということでございます。

　最後に、要件事実論という考え方と、今申し上げたような多様な視点ということとの関係について、私の考えるところを申し上げたいと思います。先ほどの飯田先生のお話で出ました事前の視点と事後の視点で申し上げますと、すべての事情が出そろっていて、それを評価して判決書に事実整理するというのが、事後の視点から評価規範として要件事実論を使っているということになると思うのですが、そうではなくて、これから事件をさばいていく、つまり、審理運営を考え争点を整理していくという局面において、事前に行為規範的に要件事実論を使っているという場面でも、争点について、要件事実論の攻撃防御の構造に従って分析していくことは最低限必要かと思います。しかし、そこで終わってしまうと、本当にその要件事実の分析が正しいのかどうかを検証する方法が全くないのですね。当事者の主張がそうだからというのは一つの答えなんですけれども、違う見方もありえます。この事件は、当事者の主張するところに争点があるのではなくて、たぶん別の社会的な背景があって、だからこのような問題が起きてきているんじゃなかろうかという洞察を巡らせたとき、やはり背景事情にも踏み込んで争点整理をすべきであると思います。そうしないと、そもそも、訴訟物が間違ってる可能性すらあり、その場合、当然、要件事実も間違っていることになるということです。実務において、よく問題になります

のが出資契約です。実態は、出資なんですが、貸金として借用証書が作成されていることがあります。金銭を出資した側は、そこだけ取り出してきて、貸金だからと言って、貸金返還請求として訴訟を起こしてくるんです。借用証書は、処分証書であり、二段の推定でその真正な成立が推定されるから（民訴法228条4項参照）、消費貸借契約が認められる、よって、原告の請求認容として処理すると、要件事実論や事実認定論としては間違っていないのかもしれないのですけれども、実は、それは出資であって、返還不要の金銭支出であった可能性があり、そうだとすると、結論自体が誤っている可能性があります。ただ、そのような真の争点は、かなり背景事情にまで踏み込んで争点整理をしないと、浮かび上がらないものです。その背景事情は、原告としては、絶対に明らかにしたくない事情です。むしろ、被告がそういう趣旨のことを言って反論してくれば、きちんとその点には耳を傾けて必要な争点整理をすべきだと思います。そのような適切な争点整理をせずに表面的に事件を処理して控訴された事件では、改めて争点整理をした上で、原判決を取り消す例もあります。そうなるのは、原審での争点整理が足りないからだろうと思います。したがって、要件事実論に基づいて争点を分析的に整理するという問題と、背景事情にも踏み込んで全体的な多様な視点から解釈なり、事実関係なりを究明していくという問題とは、決して矛盾するものではないし、むしろ両立するものであると私自身は思っております。ただ、言うは易し行うは難しでありまして、自分がそういう事件処理をしているかということは、不問に付して申し上げております。

　私のレポートとしては以上であります。ご静聴ありがとうございました。

伊藤　河村先生、どうもありがとうございました。

　それでは先生方全部、三先生ともに時間をきちっと守っていただいてありがとうございます。これから予定通り休憩をして、それから陶久先生、渡辺先生のコメントをいただき、さらに質疑応答というふうに進んでまいりたいと思います。大変ありがとうございました。それではしばらく休憩に入ります。

　　（休憩）

伊藤　それでは定刻になりましたので、休憩を終わりましてこれからコメンテーターの陶久先生、渡辺先生のコメントをいただきたいと思います。

　コメントは事柄の性質上、講師のレジュメと違ってペーパーは事前に配付していないので、手元にコメントを記載した資料がなくても不思議ではありません。これから先生方がされるコメントを直接お聞きいただきたいと思います。

　それでは、陶久先生、よろしくお願いいたします。

［コメント１］

　陶久利彦　ただいまご紹介にあずかりました、東北学院大学の陶久と申します。

　主報告の先生方がみな自己紹介をされましたので、私も少しだけ自己紹介をさせていただきます。私は指導教官の影響もあり、若い頃からもっぱら法学方法論に研究の主眼を置いてきました。その関係で、担当している科目で使う教科書を上梓しましたところ、なぜかわかりませんが伊藤先生からお声をかけていただき、それを機縁として、その後何度か先生から執筆の機会を与えられたという次第です。とはいえ法学方法論ばかりを研究テーマにしているというわけではなく、他方では、生命倫理、特に中絶の問題にも長い間関心をもってまいりました。ここ数年は、中絶問題から性風俗に関心を広げ、この春には関連の編著を出版させていただいております。

　このように、このところはどちらかというと中絶や性風俗にばかり関心を向けてきましたので、今回、要件事実論と基礎法学との関係を考えてみなくてはいけないということになり、夏休みに少し勉強をして準備をしてまいりました。

　そうは言いながら、３人の先生方のご報告は、私にとりまして非常に興味深いと同時に、理解自体がなかなか難しいところもありました。そこで以下のコメントにあたりましてはまず、３人の先生方のご報告について私なりの理解と整理を述べさせていただきます。その上で、――既にご報告の中でお答えくださったかもしれませんが――、報告原稿に即して、こんな点が私にとってはよくわからないということを指摘するにとどめさせていただこうと思います。

1. 主報告の視点

そもそも本講演会の趣旨は、要件事実の決定とその立証責任分配問題とに直面する実務家、特に裁判官に対し、基礎法学と呼ばれる学問がどのような役割を果たすのか、という問いかけにあるのだろうと、私は理解してきました。そこで私のコメントは、まずは河村先生のご報告にこのような問いを確認します。次いでそれに応答する試みの一つとして飯田先生のご報告を理解します。最後に、若干異なった視点から議論を展開する吉良先生のご報告に触れたいと思います。

2. 河村報告

さて立証責任分配問題に焦点を当てる河村先生によりますと、この問題を解決するにあたっては、以下のような基準があります。

一つは、(1)歴史的立法者意思による制度趣旨の確定です。二つは、(2)紛争の基礎にある社会状況の実態を把握するということです。三つは、(3)一般人の法意識を含む経験則を一部交錯させながら、――一般人の法意識と経験則とを一つの次元にまとめてしまいましたので、「一部交錯」というちょっと変な表現になっております――ぎりぎりの最終局面では、(4)利益衡量という言葉を挙げつつ、その中身としては正義・公平という理念へと、順に手がかりを求めていくしかない。たぶんこの一番から四番へという順番があるのではないかと推察しました。これらの手がかりは、――以下では、基準と表現しますが――、次の三つの特徴をもっているように思われます。

一つは、複数の基準相互の関係が必ずしも明確ではありません。それは個別の事案によって変わるんだというお答えが河村先生からすぐに返ってきそうな気もしますけれども、外部からみている私としては、相互関係についての何か統一的基準があると望ましいという気がします。二つは、これら基準が法体系の内部に必ずしも求められていないということです。そして三つは、――河村先生ご自身も最後のところで指摘されましたけれども――将来の帰結というものを自覚的に取り入れる視線が必ずしもありません。以上のうち二番目の点につきましては、法解釈のカノンとして挙げられていたものを比較の対象として引き合いに出すことができるとしますと、河村先生がお考えになっている広い

意味での「法の解釈」は、欠缺補充の一種かなという気がいたしました。三番目の点は、法的解決の具体的妥当性、つまり、当該事案にとっての実質的妥当性を考慮するにあたって、将来のことを考える帰結主義的配慮をどう扱うかに関わります。この配慮を、——あるいは一部働くのかもしれませんけれども——最終的な結果を左右する基準とみなすかどうかについて、実務は消極に解しているのかもしれない。そういう理解をしました。

　これらの立証責任分配基準は、具体的な判決例をご報告の中で取り上げてくださったように、それぞれに若干異なっています。そればかりか、いずれに訴えても一義的に明確な答えは得られません。ですから河村先生は、「悩み」と表現されました。では、どうすればいいのでしょうか。大雑把に言うと、三つの道があると思います。

　①一つは、具体例として挙げられたのはすべてかなり例外的で難しい事案である。それ以外の多くの事案については上記の(1)～(4)の基準は有効である。それゆえ、これらすべての基準をより詳しく検討することによって、現時点では解決困難な事例についても、いずれはそれを克服する道が開けるのではないだろうか、いや開けるはずである、と考える道です。河村先生はその途上にあるのではないかと思いますが、もし飯田先生のご報告を、(4)の正義・公平の具体化の一試みと捉えるならば、お二人の方向性はこの①のアプローチ上にあるのではないかと思います。

　②そうではなくて、(1)～(4)とは別の基準を探すことがもっと有益なのではないかという考えもありえます。飯田先生のご報告が「法と経済学」の手法を立証責任分配問題解決の最有力あるいはほぼ唯一の基準として強く推奨するならば、この方向性に近くなります。

　③三番目は、基準への期待というのは少々過大じゃないかと考えます。そうではない別のものに目を向けることによって、立証責任分配の問題がひょっとしたら解決できるかもしれないと考えるやり方です。

　3.　飯田報告
　それでは飯田先生のご報告に移ります。
　飯田先生は河村先生とは違い、特に法と経済学の手法を用いて、立証責任分

配にあって考慮される上記(1)～(4)に異なった光を当てる、あるいは別の基準を提案しようとされます。すなわち、立証責任を原告・被告どちらに分配するとすれば将来的に人々がどのような行動をとるであろうかと問います。その将来の事態を予測し、さらにはそこから望ましいルールを考案するというアプローチをとっておられます。そこでは、合理的人間が行動主体として想定され、「訴訟又は社会全体のコストの最小化」が目指されます。全体として、私の理解によればルール功利主義的発想なのだろうと思われます。

　本日はスライドというかテキストを作成してきましたので、これを使って説明をします。(注:講演会当日はプロジェクターを使用してコメント要旨（図を含む）が示された。本書136頁以下参照。ここでの図は、本書138頁の図を参照。)

　両先生の視線を特徴付けるため、法体系全体とその外部に広がる環境との関係を考え、縦軸には法体系に関連する理念と現実をその両極に据えてみます。横軸には、法体系を貫く形式的条件の一つである時間を置いてみます。図の中には両先生や吉良先生のご報告には触れられていなかった用語が若干入っておりますが、これは私なりの理解が混じっているとご理解ください。

　飯田先生のモデルは非常に明快です。立証責任分配の決定にとってもそれは有益だろうと思われますが、他方で、以下のような疑問を私自身はもちました。ただし、その疑問点には飯田先生ご自身が検討課題として認めておられるものも含まれています。

　①第4の2(2)によりますと、望ましい立証責任分配ルールが一見すると「直感」、──ご報告の中では「なんとなく良さそうに見えるかな」と表現されましたが──に反する結論に至る、とされます。直ぐ後の3で不法行為の例を取ってこの反直感的結論が実は別の角度からみるとそうではないと正当化されているのですが、そうするとここでの「直感」とはどのような働きなのだろうか、という疑問を抱きます。と言いますのも、後に少し触れますが、私はどちらかというと職業人としての「直感」というものをもっと積極的に評価したほうがいいのではないかというふうに考えているからです。

　②二番目に第6の1(2)として指摘されていることに関して言いますと、企業法務部関係者などを除いて、一般の人々が立証責任に関するルールを意識していることはたぶんほとんどないだろうと思います。とすると、立証責任分配ル

ールが合理的選択をする人々の一次的行動をコントロールするに資するという想定自体が崩れてしまう可能性は、大ではないでしょうか。他方、専門法曹は別です。そうであるならば、経済学的手法は訴訟にあって弁護人によって主張されるか、あるいは裁判官が判決を下そうとするときに帰結主義的配慮の一つとして考慮されるかのいずれかということになります。そのような理解でよろしいのでしょうか。

③三番目、訴訟コストの最小化が人々の合理的行動を導く評価基準であるとしますと、裁判外紛争解決のほうがコストパフォーマンスが高い場合もあります。しかしそれでも訴訟を起こす原告の行動には、被告との紛争によって自分が相手から正当に取り扱われていない、換言すれば、自尊心が著しく侵害されているという心理的要因を欠かすことはできないと思います。あるいは、自分のような人に対する世間の注目を集め、一石を投じたいとの思いもあるかもしれません。そうすると、――飯田先生はあくまでモデルだと限定されましたけれども――合理的人間モデルとこのような実際の訴訟の当事者と思われる人がもっている心理的要因とをどのように調和させていくのだろうか、という疑問を抱きます。

4. 要件事実論への基礎法学の寄与

ここで、実務上の難問に直面する河村先生のご報告に今一度立ち返り、そこから示唆される基礎法学の役割に言及し、関連して吉良報告の問題設定に触れたいと思います。

私の理解によれば、本日のような講演会が開かれるもともとの問題関心には、要件事実論に基礎法学がほんの少し関わるということではなく、立証責任の分配について迷いに迷うような究極の判断に対して基礎法学がひょっとするとその答えを与えてくれるかもしれないという見通しや期待があるのではないか、と思います。しかしながら、基礎法学はそのような深刻な場面に直面する裁判官に対して一義的回答を与えることはできない、もっとささやかなことしか貢献できないのではないかというのが、残念ながら現時点での私からの答えです。もっとも、基礎法学に対する要件事実論からの期待を別様に解するならば、話は違ってきます。

①４行くらいとびますが（本書139頁８行目から12行目）、「今・ここ」で、つまりこの事案に対してどのような立証責任の分配がよいのだろうかと問われるとき、そこでの明確な基準を打ち立てることは、少なくとも私の理解する法哲学にとっては難しい。ずいぶん古めかしい言葉を使うならば、このような局面にあって最終的には一定の裁量の枠内で、個々の裁判官がいわば実存的決断をするほかありません。

　②そこでの裁判官の実存的判断あるいは決断というのは、例えば昔よく言われていた価値への帰依といった大仰なものではありません。おそらくは職業人としてもつところの「勘」や「直感」、あるいは事案に対する法感覚に依存するのではないだろうかと思います。とりわけ、事物相互がもっている類似性を判断する類推的思考は、──河村先生のご報告レジュメ５頁の中央部分（本書128頁（ウ））で言及されている具体例がたまたま非典型契約ですから、典型契約の何かと比べるかという設定だったのかもしれませんけれども──何かと何かを比べていく、そういう類推的思考というのが、法の思考全般あるいは法発見全般にあって常に底流として働く。それが、合理的基準が力尽きて裁判官の裁量を語らざるをえないときに、表に出てくるのではないでしょうか。ここからあとは「裁判官が羨ましいな」という話になります。つまり、実務家が現場での修練を経て獲得されるものは、文字情報でしか接することしかできない研究者とは違っており、むしろそちらのほうに問題解決の糸口を期待したいのです。

　③そしてまた、「今・ここ」という限定を超えて、中長期的かつ外的視点から、──これは研究者の役割だと思いますけれども──法発見過程を観察することが許されるならば、一つ一つの事案の決定に働く裁判官の実存的判断が、中長期的にみると試行錯誤の一エピソードとして位置付けられていきます。判例法はそのように作られていくのだろうと私は考えています。

　最後は吉良先生のご報告です。実は、吉良先生は分配的正義論を展開されるのではないかと期待していましたが、ご報告内容はそうではなく、存在論と時間論という非常に抽象的なものでした。

　吉良先生のご報告に接し、私が長い間脇に置いていた問題について考えなく

てはいけないと改めて感じさせられましたので、その契機を与えてくれた点では感謝します。特に、何かが「ある」という非常に素朴な述語表現のもっている意味合いを今一度考える必要性を意識させられました。ただ、よくわからないところがいくつか残っています。

①一つは、諸概念の意味と関連して、私には吉良先生のご報告がどういう意図をもち、どういう射程をもっているのかがよく理解できませんでした。

例えば、「現在」という言葉が使われています。それは現在主義のキーワードとされます。「一瞬」という言葉で言い換えることができるのかもしれませんけれども、その「一瞬」とは、無限に分割され極限化された時間単位というようなことを考えておられるのでしょうか。もしそうならば、それはあまりに観念的なものであって、むしろ人間の意識や心理、情動、行動などにとっては大きな意味をもちません。法的に語られる時間はむしろ、社会的もしくは意味的連関性をもつ事実のまとまり、つまり個別事実というよりは、事実の脈絡をもっている「事態」とでも呼ばれるものにずっと通底している、「幅をもった時間」ではないでしょうか。そうするとそこでいう「現在」とは何なのかが、私にはよくわからなかったのです。

②同様に「実在」という言葉につきましても、一見わかっているようで、──それが英語でexistというふうに言い換えられるとしましても──ではその「実在」という言葉で何がどう表現されるのでしょうか。そもそも存在論は、何かが「ある」という非常に原初的な述語表現から出発しているはずです。しかし、吉良先生の報告の中（レジュメ３頁2.1、本書99〜100頁）でその概略が示されているいくつかの立場については、その含意や相違が判然としません。例えば、吉良先生ご自身のお立場は、「この世界は一瞬ごとにまるごと現れる」と表現されています。しかしそう述べることで何が示されているのでしょうか。それは例えば、禅問答の考案に悩む僧が一挙に悟りを開いた瞬間を言葉によって表現している、と解される一方で、現れないものを「まるごと」の範囲外に置こうとする世界観の提案かもしれません。はたまた、それ以外の解釈の可能性もあるかもしれません。

③吉良先生の世界観は、とりわけ要件事実論にどう寄与するのでしょうか。確かにご報告の随所で、要件事実論はこういうふうに位置付けられるというこ

とを指摘されています。しかし、吉良先生の採られる根本的な立場でなくても、同様のことを要件事実論の位置付けとして語ることはできるでしょう。例えば制度的な制約等々についてです。おそらく今後さらに考察が深められるならば、本日のご報告のかなり抽象的と思われるような議論が、要件事実論という具体的な問題とどう絡んでいくかというのがもっと明瞭になっていくのではないか、と期待しているところです。

若干長引いてしまいました。ご清聴ありがとうございました。

伊藤　陶久先生、どうもありがとうございました。
それでは、渡辺先生、よろしくお願いします。

［コメント２］

渡辺千原　立命館大学で法社会学を担当しております渡辺と申します。皆さん東の方が多い中で、西からやってきたので何となく笑いを取らなければならないという使命感を常にもっているのですが（笑）、そんな面白い話ができるわけではありませんが、しばしお付き合いいただけましたら幸いです。

今日一日このいろんなお話をわざわざ聞きに来ていただいていますが、基礎法学と要件事実ということで、ここに座っている私も含め、どうなるのだろうというところから始まっているのですが、基礎法学者は要件事実論というものをまとめて勉強するという機会があまりない中で、この問題に立ち向かうという苦しい立場にあります。

自分としましては、要件事実論は実体法の解釈の範囲の中に、立証責任の配分という要素を加えて、それらがもたらす訴訟内外での公平とか正義実現を構想した法理論という意味があるのだろうというふうに、まずは大まかに理解させていただいた上で、3人の先生方の議論を踏まえて一応法社会学者の端くれという立場からコメントをさせていただきたいと思います。

今、陶久先生が、要件事実論に基礎法学がいかに寄与できるかということについては、結論として大したことはできませんとおっしゃったように、そこは確かにそのように思うところであります。私の関心としましてはもう一つあり

まして、皆さんのご関心はないかもしれませんが、要件事実論に立っている法実務というものを法社会学的に分析することができたら面白いだろうという関心がありまして、河村先生のご報告を特に興味深く聞かせていただきました。

基礎法学と申し上げても、今回は法社会学と法哲学ですが、法史学とか外国法とかいろいろな分野がありまして、法哲学と法社会学でもかなり異なります。そのうえ法社会学という領域はその中もかなりバラバラでして、法と経済学をされている飯田先生に対しまして、私は裁判論を中心に方法論もあまり定まらない研究をしておりまして、かなり違います。例えば、法社会学研究者としてこういったシンポジウムに今まで登壇された先生方として、松村良之先生が「法と心理学」、今回は飯田先生が「法と経済学」から要件事実の理解とか、それに対する寄与の可能性を論じられておられます。そうしたことも、法社会学の中が多様であるということを反映しているのだと思っております。

法社会学には概念法学批判という出自があるのですけれど、そこに立ち返って河村先生のご報告を伺っていますと、法社会学が一番寄与できる部分としましては、原初的な部分、法社会学の黎明期に取り組まれた「生ける法」、つまり実際社会で息づいている法の研究とか、そういう考え方かもしれないと感じました。

生ける法を主張したオイゲン・エールリッヒは、国家法に対して、社会において妥当している「生ける法」というものを、裁判での判断を通じて示される「法曹法」――これが裁判で作られていくルールということになるのですが、――として吸い上げて国家法に昇華させるという考え方を提示しています。要件事実を組み立てていくにあたっても裁判過程の中にそういう作業があるのだということがわかりました。

河村先生のご報告にありました基礎法学的な思考の必要性という場合の一部はそうした発想だというふうに感じました。特に経験則というところで言われていることは、それに近いかと思います。社会状況の実態とか一般人の法意識についての知識やアプローチということもそうしたことだと思いますし、それらをどうやって把握するのかといったところで、心理学とか経済学、そのほかのさまざまな社会学方法論というのが応用可能ではないかと考えました。

全体としてのコメントになりますが、河村先生のご報告は実務家として要件

事実論に対して内側から見られて、そこから基礎法学の役割というものを描いてくださっているわけですが、先ほど申し上げたこととも関わりますが、裁判官から見て基礎法学がどういうものとして見えているのかということを教えていただいたということで、興味深かったです。ただ、一般的に言えることとしましては、基礎法学的な視点というのと、私たちが実際にしている基礎法学者の研究というものはけっこう差があって、私たちはあまり役に立つことができていないなという反省感をもちました。

河村先生のご報告では、立証責任の配分を含めて実定法の解釈のほうから要件事実の確定問題を論じられていたかと思います。それに対して基礎法学研究者の飯田先生、吉良先生は外からの視点に立ちまして要件事実論の意味を問うてくださっていますが、飯田先生は立証責任の配分という手続法の部分で、吉良先生は証拠理論というところに着目されておられました。基礎法学では法哲学にせよ法社会学にせよ、あまりそうした手続法的な部分とか証拠理論に挑むということは少なかったですので、お二人のご報告は新たな研究領域を切り開く非常に意味のあるご報告だと思いました。

その中で飯田先生が示してくださったのは法と経済学からのアプローチになります。要件事実論が訴訟内での原告・被告の攻防でより効率的・公平な形で証拠提出とか主張を出せるように動機付ける機能を有するということに着目しながら、要件事実論が実定法の解釈論としても意味をもつことから、訴訟外で一次ルールとしても同様の効率的な遵守を促しうるかということも視野に入れておられると聞かせていただきました。

先ほど陶久先生がおっしゃったことでもあるのですが、立証責任に関わるルールが訴訟コストも含めて行動にどれだけ影響を与えられるのかという分析が示されたわけです。ですが、日本のようにあまり訴訟を起こさない社会では一次ルールとしての影響力というのはかなり限定的なものになるのではないかという疑問を抱きました。ただ、こうした事後的と言いますか、裁定規範の制定の仕方が事前の行為規範にどのように影響するのかということは大きな問いだと思いますので、非常に興味深いものだと感じました。今言ったことの繰り返しにもなりますが、立証責任の配分自体が行為規範に直ちに影響を及ぼしうるのかということと、及ぼすことが妥当なのか、ということについては、別途検

討を要する課題ではないかと思いました。

　それから一つ質問したかったことなのですが、途中の一般的な説明のところで、当事者の満足度で評価するのです、とおっしゃったのですが、満足度というのは法と経済学ではどのように測られているのかということを教えていただきたいなと思いました。

　吉良先生は要件事実論そのものの特性というよりも、この理論を広く訴訟理論として位置付けた上で、裁判が現在利用可能な証拠に基づいて過去に起こった出来事について現在の観点から構築して評価していくという構造をもつことについての認識論……存在論だったのですね、その背後にある正義論まで視野に入れたご議論だというふうにお聞かせいただきました。非常に興味深かったのですが、最初に今すぐ役立つ法哲学をやってるんですとおっしゃってたので、これ今すぐ役立つんですか、ということを（笑）ちょっとお聞きしたいと、ちょっと失礼かもしれませんけども、考えました。

　それから要件事実論に絡めて証拠理論を中心に分析されていたかと思うのですが、要件事実論は証拠理論というよりは証明責任の分配のほうに力点がある議論だと理解していましたので、証拠理論に着目されたこととの関わりをお聞きしたいと思いました。

　訴訟の中と訴訟の外ということにも関わりますが、訴訟の中と言いますと訴訟という限られた時間と空間の中で行われることで、それに対して要件事実論はルール化しているところ、それを一次ルールとするとか転化するという場合にはもっと広がりのある空間や時間的な広がりもあるところに作用することになるかと思います。そうすると現在主義ということをおっしゃっていたかと思うのですが、現在主義がどちらかというと希薄になるところに影響を与えることになると思われますが、そのときに吉良先生の考え方というのは変わるのか変わらないのかということについても、お聞かせいただければと思いました。

　好き勝手なことを申し上げておりますけれども、証拠には私も関心がございまして、かなりアメリカでの議論から学んできております。1980年代ぐらいからアメリカでは「新証拠学派」が登場して経済学とか統計学、心理学など社会科学等を用いたあるべき証拠法というのを論じていくという流れが生まれております。飯田先生のご報告でいくつかご紹介いただいた研究などもそうした流

れを汲んでいるかと思われます。そうした研究業績を紐解くことも要件事実論を今後豊饒化していくのに役立つのではないかと考えました。

　そうした研究では証拠の評価や事実認定という文脈で、証拠の一つ一つの証拠価値を確率的に評価して積み上げていくという考え方、つまり確率論ベースの個別評価型の考え方と、数多くの証拠を一体、全体として評価し、事実としてはストーリーを構築して全体としての説明の優劣で説明していくという全体説明型のストーリーモデルと言われるような考え方があります。実際の人間の認知としてはストーリーモデルのほうが適切なのではないかと言われてきていますが、それに対して要件事実論の考え方というのは、どちらかというと個別積み上げ型の一つ一つを分けていって法的争点を絞り込んでいって、そこに焦点を当てて選択集中していくという考え方でしょう。そこで、あまりそういうことを絞り込まずに、先ほどから出てきた背景的事情とか感情的要素とか多様なニーズ等も含めた考え方というのと、どういうふうに擦り合わせていくのだろうかということも、興味をもちました。

　私の理解では、日本の裁判官の理想像としては、選択と集中でこれだけをやって他のことは関係ないというやり方というよりも、最高裁のテミス像のように目隠しをせず、なんでも見通せる千里眼というのを求められてきたと思いますので、理想としては拡張総合型が目指されてきたと考えておりました。そうしますと要件事実論というのはむしろ社会的平面において無限の連鎖や広がりのある問題の中から、法的に必要な要件に関する部分だけを切り取って、争点に焦点を絞った審理を実現するという効果をもたらす、そういう理論だろうと理解していましたが、その理解でよいのかということもお聞きしたいところであります。

　それはそれで非常に意義があって、90年代に五月雨式審理を脱して争点中心型の審理を促進しましょうと言ってきたことにたぶん一致する、争点集中型の審理を実現するための理論だったのではないかと思います。他方で90年代の官僚司法批判の焦点の一つにも要件事実論批判があったとの記憶がありまして、そこでは技術的機械的に争点を絞り込んでしまうがゆえに自分の頭で考えない裁判官が生み出されてると言われていたように思います。しかし、河村先生のご報告をお聞きしまして、要件事実論というのは、そのようなものではなかっ

たということがわかりました。

　河村先生の悩みとおっしゃるのはそうした批判を要件事実の枠組みの中でどうやって受け止めていくかということなのだろうと思いましたが、違っていたら違うとおっしゃってください。法的争点を抽出する際に抜け落ちる事実をどう受け止めるかということや、法を支える事実、立法事実というものをどうやって顕出するかということに今日のお話は焦点があったかと思うのですが、そうしたことに対して要件事実論は支えになるのか、支えにならないのか、ということもお聞きできればと思います。

　基礎法学的な視点が必要になるというところは主にそうした部分だということでした。その考え方について今日はお話しいただきまして、先ほど陶久先生は職業的直感というものをもっと評価してもよいのではないかということをおっしゃっていたかと思うのですが、確かにそうしたものの重要性は否定しないのですが、私の立場からはそのような曖昧なものに依拠して大丈夫なのでしょうかと感じます。あまり裁判官には自信満々になっていただきたくないと思っておりまして、悩んでおられる裁判官はきっと良い裁判官なのではないかと思っているところであります。パーッと勘でできるんですという考え方を正当化したくないという、これは単なる自分の心情告白でございます。

　最後になりますけれども裁定規範の行為規範への転化について言及させていただきましたが、要件事実の設定も含めて裁判には裁判の外にも向けて新たな法創造を行っていくという機能をもつことも間違いないわけであります。要件事実論はそうした裁判を通じた法創造という裁判の機能に対して、どのような立ち位置の議論になるかということについて、先ほどの質問とほとんど重なることなのですが、自分としても今後検討させていただきたいし、先生方のご意見も伺えればと思います。

　ありがとうございました。

［質疑応答］

伊藤　渡辺先生、どうもありがとうございました。

　ここにいらっしゃる皆様方からのご意見やご質問を受ける前に、今までのお

話で講師やコメンテーターの先生方で、相互にそれぞれほかの方のおっしゃったことについて、パネルディスカッションをするわけではないのですが、お話をしたいことがあるのではないかと思います。

ちょっと時間が押しておりますが、6時には終えないといけないと思います。そんなこともご考慮いただいて、お一人数分程度ということで、吉良先生、飯田先生、河村先生、陶久先生、渡辺先生の順に、お話をお願いいたします。

では吉良先生、どうぞ。

吉良　陶久先生、渡辺先生、コメントありがとうございました。

まず、陶久先生のコメントに応答したいと思いますが、最初にちょっと考えたこととして、基礎法学が要件事実論にどのような寄与ができるだろうかということがあります。まず、法哲学だったら法的な概念についてこんなふうに明晰にできますよといった感じで、議論の交通整理ができるだろうというのがあるかなと思います。そのように陶久先生は大変慎ましい言い方をされましたけれども、私としては、あまり遠慮していると埋もれてしまうので（笑）、法哲学だったらこんな答えがビシッとできますよというのを、どんどんと言っていきたいかなと思っております。

さて、陶久先生から3点ほど内在的なコメントをいただきました。まとめると「よくわからないことだらけだった」ということかと思い、申し訳ないところではありますが、率直にご指摘くださってありがたく思います。

ひとつ目として、私が現在主義ということで「現在」ということを強調しましたが、現在というのは何なのか、ということです。これは一瞬ですね。どこまでも細分化される、まさにその一時点です。それはあまりにも観念的過ぎて法実践との関連性がよくわからないのではないか、というコメントと理解しましたが、現在というのはあくまで理念です。法実践は当然ながら、お話にありましたように、意味的な連関の中にある事実というものをある程度の時間的幅をもって構築していく、そういうものだと思います。

そこで、この発表でどういうことを言いたかったのかといいますと、客観的な世界は現在しか実在しないにもかかわらず、我々は時間的な幅があるかのような法的事実を構築している。そこに一定の限界付けをなしたいということで

す。つまり、我々は客観的な世界から離れた人間の認識として法という約束事を作り上げている。そういった法実践の性格を明らかにすることが、現在主義から法実践へと言えることのひとつだと考えています。

　「実在」の意味ということですが、禅の人が悟りを開くといったことではなく、人間の認識から独立した客観的な世界がどう存在するのか、そういった理念として世界がどうあるのかといったことです。そういった理論がどのように要件事実論に効いてくるのか、私の立場、現在主義ではない立場からでも同じようなことが言えるのではないかというのは、それは当然そうです。存在論というのは非常に抽象的な議論ですので、そこから規範的なことがすぐに出てくるかというと、そこは慎重になる必要があります。しかし、先ほど申しました「現在」という理念を考えることによって、一定の存在論的な縛りが法実践にかかってくることはありえます。もちろん、また異なった世界観のほうが法実践に適合的ということもあるかもしれません。なので、まずどういった世界観をもって我々は法実践を行っているんだろうかと意識してみるのは議論の取っ掛かりとしてよいことではないかと思います。というところで、陶久先生への応答とさせていただきます。

　渡辺先生のコメントで、今すぐ役立つのかということですけれども、私の法哲学の授業では実定法の論点に結びつけるためにいろいろと工夫しておりますが、今回の講演会ではそこまでのことは求められていないだろうと思って好き勝手なことを話しました。けれども、今回の話で「証拠」とか「現在」とかいろんな概念を扱いましたが、それで頭がすっきりしたという方がいらっしゃいましたら、大変に役に立ったかなと思いますし、訳がわからなくなったということでしたら、それはそれで今後考えるべきことが増えたということで、よいことかなと思います。ということで、なので、いずれにせよ役に立ったはずです（笑）。

　次、要件事実論は証明責任の分配の話であろうから、今回、証拠に着目して話をつなげていったのはどうなのかということですが、私としてはそこまで区別していないというのがお答えになります。要件事実論は証明されるべき事実を構造化するものですが、それは事実の捉え方の問題であるとともに、それを誰が証明すべきなのかという証明責任の割り当てと一体のものと考えます。証

明すべきというのは、つまり証拠付けるべきと言い換えられますので、つながる話だと思っております。

　三点目、現在主義という立場からどういったことが言えるのかですが、客観的な世界はこの現在という一瞬しかない、にもかかわらず、そこから人間の営みが広がっていく。そこの存在論的な縛りというものがどれだけ言えるのかについては慎重に議論する必要がありますが、その客観的世界と我々が行っている実践のギャップ、それを認識することによって開かれる可能性があるのではないか、ということです。先ほどの陶久先生への応答と重なる部分もありますが、これで応答としたいと思います。

伊藤　よろしいですか。吉良先生、ありがとうございました。それでは飯田先生、どうぞ。

飯田　陶久先生、渡辺先生、貴重なコメントありがとうございました。必ずしも読みやすくはないレジュメをもとに、さまざまな角度から有益なコメントを頂戴したと思っております。

　陶久先生のコメントへのリプライですが、私の報告について非常に的確な位置付けをしてくださったと思います。ルール功利主義的であるというのはそのとおりです。ただし、法と経済学の考え方が、立証責任分配問題を解決するための最有力のものとは、私自身は思っていません。

　この報告ではいくつか目的があったわけですが、その目的の一つは法と経済学が提供する基準にはちょっとあやふやな部分があるということを示すということでありました。条件によってモデルは妥当範囲が変わってきますので、これが最有力とか唯一の基準とはなかなか言えないのではないかなと思っています。

　陶久先生のご質問に対するお答えに移ります。まず、直感というのはどんな働きなのかということでした。レジュメに「立証責任を負担すべきなのはコントロールの対象となっている側じゃなくて相手方である、一見すると直感に反する」と書いています（本書117頁）。あまり直感に反しないというお言葉をいただいたのですが、直感に反しないということは、法と経済学の考え方を少なくとも部分的には共有されているということなのではないかなと思います。な

ぜ直感に反すると考えられるかというと、コントロールの対象になっている人、つまり普通は悪い行いをするかもしれない人にコストを課すのが適切なのではないかと直感的に思う方が多いかなと思ったのですけれども、必ずしもそうではないということがわかり、安心しました。

立証責任に関するルールが普通の人に対してさほど影響を及ぼさないのではないかという点、これは渡辺先生のコメントにも関係しますが、それはおっしゃるとおりだと思います。事案にもよるかもしれませんし、陶久先生ご指摘のとおり、専門知識をもっている法曹などは別というのも、そのとおりだと思います。立法時に、帰結主義的配慮が考慮に入れられるのであれば、法適用、法解釈の局面で考慮されても特に不都合はないのではないかなと思いました。つまり、裁判官が判決を下すときに帰結的主義に配慮して考慮すると、こういうご理解でよろしいのではないかと思います。

三つ目、正当に取り扱われていないということ、和解とかしてもよさそうなのにあえて訴訟という手段に持ち込むということはあろうかと思います。これはインセンティブの話と関係します。はじめにインセンティブというのを重視するという話をしましたけれども、通常の人はどのようなインセンティブをもっているのか、このあたりはもっと詳しく検討しなければいけないなと思います。経済的インセンティブ以外のものを考慮する必要があるということです。

それとも関係するのですが、渡辺先生のコメントへのリプライの前に、まずご質問に対する回答です。法と経済学で、満足度はどのように測るのかということですが、これは効用（utility）で測るということになります。それで、効用をどう測るべきかという問題も別にあるのですけれども、実際の政策を考える場合は金銭で計測するという場合が多いです。多いのですが、それはわかりやすいからであって、それ以上の意味はあまりないです。効用の代用にすぎないということです。ただ、すべて金銭のタームに還元できると考える人もいなくはないので、立場によって違うかと思いますが、基本的に満足度は効用で測られるということです。効用は経済的なものだけではなくて、精神的なものも含むということです。

あとは、渡辺先生のコメントに対するコメントのようなものなのですが、基礎法学が役立つことができていないという点については、私も同感です。河村

先生のご報告を伺っていまして、基礎法学が貢献できる可能性はあるのではないか、とちょっとした希望は見えた気がするのですけれども、河村先生が広い視野をもってくださっているからこそのような気もいたします。

あとは河村先生のご報告で、実際の取引の実態などについて言及されていまして、渡辺先生が「生ける法」の話に対応するということをおっしゃっていましたけれども、私もだいたい同じように考えています。生ける法というのは一種の社会規範です。先ほど申し上げましたように、私のもともとの研究テーマは社会規範でしたので、皆さんのご関心がそちらにあるようでしたら社会規範の話を中心にすればよかったかな、と今更ながら思っております。

私からのリプライは以上です。

伊藤 飯田先生、ありがとうございました。それでは河村先生どうぞ。

河村 陶久先生、渡辺先生ありがとうございました。私のような一実務家の報告に過分なお言葉をいただきまして感謝申し上げます。いくつかご指摘いただいた点についてお答えしたいと思います。

まず、陶久先生からご指摘ありました、今回のレジュメで要件事実を決定する際にいくつかの視点を挙げましたが、それらの相互関係がはっきりしない、統一的基準があるとよい、というご指摘であったかと思います。

結論を言えば、統一的基準というのはなかなか難しいかなと思っております。ただ、考え方としては、歴史的立法者意思を、まず、事実認定の問題として確定して、その上で、紛争の基礎にある社会的実態、一般人の法意識、経験則を考慮すべきものと思います。これらは、区別しようと思えば区別することができると思うのですけれども、それぞれ問題となっている紛争ごとに出方が違うといいますか、強調される側面が違うように思います。これらは、一応、一体的なものかなと思っております。

それぞれの紛争で特徴的な部分を考慮に入れた上で、それを前提にして、利益のバランスを図ることになります。飯田先生のご講演では、ルール α とルール β とがあって、それぞれの社会的帰結を比較するというお話もありましたけれども、立法者が考えた制度趣旨に基づく解釈と、今申し上げたような諸要素

を考慮して最終的に利益のバランスも視野に入れた、あるべき制度趣旨を確定してそこから帰結される解釈との、どちらのほうが望ましいのかといった判断をして、最終的に要件事実を決める。もちろんその過程では、立証の困難性等の証拠法的な考慮も当然入ってくるということだろうと思っております。

　したがいまして、お答えとしては、統一的な基準はないのですけれども、大雑把に言えば、要件事実を決定する場合には、今のような思考過程を踏んでいるのではないかと、我が身を振り返ってそう思っているところであります。

　レジュメで取り上げました具体例につきまして、陶久先生からは、一種の欠缺補充の類推的思考でまとめられるのではないかとのご指摘があり、あまりそういうふうに考えたことがなかったので、なるほどと得心いたしました。ここで問題になっておりますのは、最高裁判決が出ている場合でも、最高裁判決が出る前の状態で未だ定説というものがない、従うべき規範がはっきりしないという未知の状態において、既知の法的知識、条文、法体系、そういったものを総動員して、ある種の仮説を立てる（このような推論を仮説形成推論、アブダクションと言うそうですが）、その仮説を正当化、補強するために類推の根拠となる事情をもってきて、一つのまとまった解釈を作り上げるということです。ただし、それは、あくまでも暫定的な仮説ですので、それでよいかどうかを検証するといった思考過程の一種であろうと考えますと、まさに陶久先生がご指摘になったような、──そんなかっこいいことは考えておりませんでしたけれども──、一種の仮説形成推論になるのかなと感じました。

　将来の帰結への視点という話ですが、若干、私の報告でも、質屋の取引に関して触れさせていただきました。ここでは、別の例を挙げます。例えば、産科の医療訴訟で、産科の手術の際のある手技の適否が問題となったといたします。その手技が医師の過失かどうかが争点になっているときに、もし、この手技を過失であると裁判所が判断すれば、産科の医療実務に大きな影響を与えるので、こういった手技を過失であると扱うべきではないといった判断を、仮に、将来の帰結に対して影響が大きすぎるということで考慮に入れて判断をしたといたしますと、そのような判断が果たしてよいのかという疑問が発生します。今のような話ですと、まだあまり問題は少ないのかもしれませんけれども、もう少し話を発展させますと、このような手技を過失であると扱うと、産科の医師の

なり手が将来的になくなる、だから、そのような解釈はよくない、そのような手技を過失として認めるべきではない、というところまでいくと、多くの人は、多分にいきすぎだろうとお考えになるかと思います。将来の人々の行動への影響をどの範囲まで考慮すべきかというのは、かなり法実践としては難しい問題だろうと思っております。

　渡辺先生のご指摘いただいた点についてお答えしたいと思いますが、「生ける法」というお話がありました。私の報告の中で、自己紹介で触れたかと思いますけれども、私は、奄美大島の名瀬支部におりました。奄美大島は、非常に入会地の多いところでありまして、入会権に関する民法263条、294条に「各地方の慣習に従う」と書いてあるので、慣習、つまり、「生ける法」ですけれども、入会権に関する慣習が集落ごとにいろいろと問題となるわけです。入会地の利用の実態がかなり問題になって、そこが争点になるんですね。奄美大島では、かなり入会地が残っております。沖縄も一部残ってるのですけれども。そういったときに、まさに生ける法と言いますか、実際どういうふうに入会地がこれまで使われてきてて、例えば、江戸時代の古文書も調べて、そういったことをまとめた研究の成果があります。こういう文献は、非常に役に立ったという経験がございます。広い意味では、これも経験則に含まれるのであろうと思います。

　最後に1点だけ申し上げます。要件事実論が一種の司法官僚的な機能を営むという批判は私も聞いたことはあります。ただ、そのような批判は、あまりにも裁判実務の実態からかけ離れていて、そのように要件事実論を認識している人は、少なくとも私の知る範囲では、という限定を付けさせていただきますけれども、裁判官では、ほぼ皆無だと思います。だから、そのような批判は、何を批判されているのか、いま一つよくわからないといったところが正直なところです。したがいまして、私の報告には、渡辺先生がご指摘になったような、そのような批判を受け止めて要件事実論を正しく構築するとか、そういう大それた意図は全くございません。私としましては、要件事実論とは、ありうる普通の解釈を普通にやっているものだと認識しております。もし、要件事実論がおかしいというのであれば、たぶんその人の要件事実論がおかしいのではないかと思います（笑）。

伊藤　河村先生、ありがとうございました。それではあまり時間がないのですけれども、コメンテーターの先生方からはご発言がないようですから、皆様方からご質問ないしご意見がありましたらお願いしたいと思います。

山田八千子　中央大学法科大学院で法哲学と民法を担当しております山田八千子です。よろしくお願いします。

　3人の先生方のご報告、コメントは非常に勉強になりました。ありがとうございました。

　飯田先生に2点質問いたします。1点目は些細な質問です。レジュメで言及された Hay and Spier の訴訟コストについてですが、コストとして、裁判所が正確な情報を得て適切な判断を下すためのコストと過誤コストとが触れられています。しかし、同じくレジュメ中に挙げられたモデルにおいては、原告・被告のことのみが触れられていて、裁判所のコストについては触れられていません。この点、おそらく仮定モデルの中で、証拠があれば裁判所は「Xが起こった」ことを確実に知ることができるために、裁判所のコストはゼロという前提になっていると思いました。しかし過誤コストと訴訟にかかるコストはトレードオフの関係にあるはずですから、過誤コストを含まないモデルというのはいかがなものかというのが一つ目の質問です。

　もう一つは、証明度の話をされないとおっしゃったのですけれども、アメリカの場合には、訴訟において、証明は証拠の優劣で考えるし、ディスカバリー制度もあり、証明度が日本と相当に異なっている。また、さっき渡辺先生も争点の争い方が少し違うというお話をされました。これに対して、日本の要件事実論というのは、制定法の日本において早期に争点を形成するという仕組みの中でできている。つまり、アメリカは、ディスカバリー制度があったり証拠の優越という仕組みがあったりするため、日本が高度の蓋然性で証明度を扱うのに対して、制度がかなり違うのではないか。だからアメリカの議論を用いる場合には、日本の場合が高度の蓋然性であるとかディスカバリー制度をとってないであるとか、こうした証明度とか証拠手続の違いを踏まえて、法と経済学的な視点に基づいて検討されたほうが、議論がもう少し面白くなるのではないかなと思いました。

私自身は、法と経済学的視点を用いると、むしろ要件事実論的な思考ではない方向に進むという見通しをもっています。要件事実論の内容をもっとどんどん詰めていけば、例えば、主張自体失当で請求を認めないとか、抗弁・再抗弁に分配するというようなことも、法と経済学的にみると、ネガティブな評価をされる可能性があると思っているので、この点についてご教示いただければと思った次第です。

　飯田　山田先生、ご質問ありがとうございました。
　Hay and Spier モデルの訴訟コストのところで、1で書いてある訴訟コストには、裁判所は正確な情報を得て、適切な判断を下すためのコストと書いてあるのですが、これは過誤コストを念頭に置いているというよりは、裁判所が自分自身で証拠なり何なり、正確な情報を得て適切な判断を下すためのコストなどを念頭に置いておりました。
　過誤コストは、山田先生のおっしゃるとおり、ここでご紹介したモデルでは考慮されていませんが、法と経済学の観点からも重要な問題を提起します。過誤コストと訴訟にかかる他のコストはトレードオフの関係にありますから、ちゃんとしたモデルを作ろうとすれば、おそらく過誤コストの話も正面から扱わなければならないと思います。
　ご質問の2点目とも関係しますが、過誤コストを考える場合はおそらく証明度の問題を扱わなければいけない、ということになります。ご指摘のように、証明度の問題はアメリカの議論で盛んに行われているのですけれども、そこでの議論をそのまま日本にもってくることができる部分とできない部分がありますので、まさしくこういう理由によって証明度の問題は今回の話からは外した、ということなのです。
　それも含めて要件事実論に対して法と経済学はどんなことが言えるのかについては改めて検討したいと思います。こちらこそ、いろいろとご教示いただければと思います。差し当たりよろしいでしょうか。

　山田　はい。ありがとうございます。

伊藤　他の方に行ってもよろしいですか。ご発言のある他の方、どうぞおっしゃってください。

　　嘉多山宗　弁護士の嘉多山と申します。創価大学で実務家教員として、教鞭をとっております。今日は大変勉強になりまして、面白かったです。ありがとうございます。
　渡辺先生が言われた法創造のことに関わることですけれども、飯田先生に質問させていただければと思います。
　今日は、事前の視点による立証責任の経済分析という話がありました。事前の視点というのは非常に興味深くお伺いしたわけなのですけれども、果たしてこれを誰が分析すべきなのか、裁判所が分析することをどういうふうに正当化することができるのかということを一つは思いました。
　先ほどの河村先生のリプライの中でも出てきた問題かと思うのですけれども、事前の視点に立って検討するといった話になったときに、法の定立を立法府が行い、法の解釈適用を裁判所が行うというその境界が溶けるというようなことになりはしないかと、感想としてもちました。
　これを司法が行うということを正当化できるのか、できるとしていったいどうやって正当化できるかということがあると思うんですね。立法府が設定した目的というのがあって、河村先生のお話ですと制定者意思とかそういったものが認定できて、それをどのようにコストベネフィットするのかとかいう枠があって、その中で裁判所が行うということなら、まだありうるのかなという気もしましたし、それを裁判所が判決書で示すことによって反論可能性が担保されるのであれば、その中で法創造ができていくということもありうるのかなとも思ったのですけれども。一方で、例えば懲罰的賠償というようなものを認めるか認めないかといったところに関しては、やっぱり立法がなければだめだろうと考えていて、どこかに当然限界があるのだろうと思うんですけれども、法と経済学で言うところの立証責任を経済分析でやるというときに、それを裁判所がやるということが、どういう場合であれば正当だと言えるのかということについてお考えをお伺いできればというのが1点目です。
　もう一つは、関連しますけれども、インセンティブという話がありました。

誘因ですね。先ほど河村先生が出された最高裁判例のこととかを考えますと、立証責任を裁判所が決める、あるいは最高裁が決める、果たしてどれだけ当事者の行動に影響を与えてるかという話があったのですけれども、ナッジとか最近はやりのですね、程度には影響があるかもしれないと思うんですけれども、どちらかというと当事者の行動に影響を与えているというよりは、むしろ後になって「え？」という形になってしまうと、つまりむしろアーキテクチャのような形で働いてしまうという形になっているんじゃないかというところがあって。そういう意味で先生の言われた事前の視点というのが、裁判所が判断する判決であるという話と、立法府がやるという話とでは、かなり質が違うのではないかなというところがあって、そこについてお考えをお伺いしたいと思いました。

　飯田　嘉多山先生、ご質問ありがとうございました。
　１点目の裁判所による法創造についてなんですけれども、今回の立証責任の話に限って言えば、立証責任に関するルールについて立法で定められていれば、そのとおりの適用をするしかない。ただ、定められていない場合がほとんどなわけですよね。それで、裁判所が解釈で立証責任の分配をしている。ですので、裁判所が立証責任に関するルールを作る、これを定立と呼ぶかどうかは別として、そういうことはありうるのではないかと思います。
　正当化の仕方としては、制度趣旨の解釈の中に取り込むということになろうかと考えていますが、ここから先はおそらく河村先生にお聞きしたほうがよいかなと思いますので、補足とかありましたらお願いいたします。
　二点目のインセンティブに関しては、裁判所と立法府とで質が違うのではないかというのは、確かにおっしゃるとおりかなと思います。が、裁判所の判断が長期的にみて当事者に対して明示的に何らかのインセンティブを与える、つまり、タイムスパンを長くとれば立法府の場合と同じような効果をもたらすということは、ありえないことではないのではないかと思います。事案の性質とか、対象になるのがどういう人たちかによると思いますけれども。
　河村先生、何かありますか。

河村　一言だけよろしいですか。

伊藤　では簡潔にお願いします。河村先生。

河村　ご指摘の解釈による法創造の限界は、非常に難しい問題で、制度趣旨を軸にして解釈をすれば、司法の消極立法にはならないという整理は一つあるかと思います。
　懲罰的損害賠償は、立法によらなければならないのではないかということに関しては、私個人もそのように思います。ただ、その限界は、非常にファジーでありまして、そこはかなり難しい問題があると思います。
　健全な方向性としては、裁判所の解釈による法創造の機能は一応認めた上で、それによって不利益を受ける当事者に何らかの方法で訴訟参加させるなり、あるいは、別の方法で手続保障を与えるなりして、訴訟手続内に利害関係人を取り込む方法がある思います。
　ただ、すべての事件で上記の措置をとることができるわけではないので、上記に対する対応策も限られていると思います。今のところはそれくらいしかお答えができないですけれども。

伊藤　ではほかの皆様続けていかがでしょうか。山田先生、どうぞ。

山田　どなたもいらっしゃらないようであれば。
　河村先生にお願いいたします、これは質問というよりはお礼というコメントに近いのですけれども。
　基礎法学と要件事実論が協働するためには、基礎法学者は素材をもっていないので、素材をまず提供してもらうというのが重要だと思っていまして、今回は河村先生からものすごく豊かな素材を提供いただき、特に未公刊の判例は非常に面白いと思いました。どうして面白いと思ったかといいますと、これは交換的正義という視点からもアプローチできると思いますが、契約の本性が実在するのか、あるいは当事者の意思でどこまでいくのかというような、まさに基礎法的な問題に関わってくると思ったからです。質屋営業法の関係に関しては、

交換的正義の視点であるとか、リバタリアンとかクラシカルリベラル対平等主義的なリベラルという視点でも扱えます。売買か請負かの話も、アメリカのディスカバリーチャンネルを見ていると、本当にタイヤ1本から車本体を造りあげていくので、そういう過程を見ているとこれは売買じゃないと感じました、こうした自分の経験と結びつけることができたので、今後、そういう素材を実務家の方々から提供してもらえれば、基礎法学者も実務家の要望に応えられる可能性があると感じました。

　最後に、吉良先生のご報告へのコメントです。吉良先生のご報告はすごく面白くて、メタの話だから、実践的に役に立たないというのは当たり前のことですが、説明理論としては、整合的か、整合的によりうまく説明できるか、というので善し悪しができると思います。今回、河村先生は、一瞬を切り取るというか、証拠が生成滅失するという点で、直感的に吉良先生の存在論に納得されるところがあるとおっしゃったことをみても、吉良さんの議論は整合的な理論であると感じました。

　私自身は、吉良さんの穏当な規約主義とは違って根元的規約主義の立場なので、反実在論的な立場からも、要件事実論を立証していける、要件事実論を展開していけるという根拠に向けてのヒントをもらいました。

　最後に1点だけ質問なのですが、吉良先生のレジュメ2頁目（本書98頁）で、裁判というのは事実認定を通じて記憶を権威的に共有、立法は予期を共有と書いてあるのですけども、裁判についても、政策者という観点からですと、記憶を共有させると同時に予期を共有させるという形で位置付けるほうがよく、真理製作者ということからしたら、そういう説明ができるのではないかと思いました。自分（根元的規約主義）の立場に引きつけて考えたのですけれども、そういう理解も可能でしょうか。裁判が記憶とともに予期も共有させるという考え方は、（吉良先生の）現在主義的な立場とは必ずしも不整合というわけではないと考えるのですが、いかがでしょうか。

吉良　山田先生、ありがとうございました。

　山田先生は根源的規約主義をとられるということですが、私は限定的規約主義をとります。「限定的」というのは悪い意味ではなく、法的な推論過程をあ

る程度、自然主義的に捉えるという意味なのですけれども、それについては読まなかったんですが、レジュメの6、7頁あたり（本書105～107頁）に書いておりまして、よろしければ後でご覧になっていただければと思います。

最後のご質問、これは「そうです」という簡潔に答えることになるんですが、裁判というのは過去の事実を権威的に認定すると同時に、飯田先生のご発表にもつながりますが、それが先例となってそこから人々の予期につながっていくということもあります。つまり、予期の共有と記憶の共有というのは重なり合って、時間的に両方向に伸びているという話でありました。

伊藤　いかがでしょうか。他の先生方、これで終わってもよろしいでしょうか。

では、どなたからもご発言ないようですので、講師の先生、コメンテーターの先生、ご発言いただいた先生方、どうもありがとうございました。

最後に要件事実研究所長の島田教授からご挨拶させていただきます。

［閉会の挨拶］

島田　要件事実教育研究所の所長を務めております島田でございます。

本日は、ご多忙の中、八王子の創価大学まで、多数の先生方にお越しいただき、講演会に参加してくださったことを、心より御礼申し上げたいと思います。本当にありがとうございました。また、参加された法科大学院生の皆様も、長時間本当にご苦労さまでした。

本日は、法哲学、あるいは法と経済学など基礎法学の分野で、現在、最もご活躍されている研究者であられる吉良貴之先生、飯田高先生のお二人に加え、実務家として大変高名であり、要件事実に造詣の深い東京高裁判事の河村浩先生をお迎えして、このように素晴らしい講演会を開催できましたことは、創価大学にとって、大変名誉なことであり、また所長として、これ以上嬉しいことはございません。本日、講師をしていただきました各先生方に、衷心より御礼申し上げたいと思います。本当にありがとうございました。

また、陶久利彦先生、渡辺千原先生の両先生からは、本日の講演会の本質を

見事に示していただく、大変示唆に富む素晴らしいコメントをいただきました。心から御礼申し上げたいと思います。

　昨年末、伊藤先生から来年の講演会は「基礎法学と要件事実」というテーマで行ってはどうかとのお話を聞いたときは、わかりました、賛成ですと一応言ってはみたものの、よく考えてみると、講演会としてどのような展開になるのか予測がつかず、正直心配していたのですが、本日の講演会での先生方のお話をお聞きして、見事に成功したことに驚きもし、感動もした次第です。

　当研究所は、非常に小規模ではありますが、大変お元気な、顧問である伊藤滋夫名誉教授のもとに、今後も、学術的に、あるいは実務的に、重要な問題につきまして、毎年、講演会を開催していく予定であります。どうぞ、今後とも、当研究所の活動に、ご理解とご協力をいただきますよう、心よりお願い申し上げまして、簡単ではございますが、閉会の挨拶とさせていただきます。本日は、本当にありがとうございました。

　伊藤　島田先生、ありがとうございました。
　ではこれで終わりでございます、皆様方本当にありがとうございました。

講演レジュメ

吉良　貴之

飯田　高

河村　浩

講演1レジュメ
要件事実の存在論と認識論[1]

吉良貴之

骨子

ある法律効果を発生させるために必要な具体的事実を要件事実とすれば、その証明は証拠（evidence）に拠る。証拠は時間の相のもとにある。過去（場合によっては将来）の事実命題を真にする、現在における存在者が真理製作者（truthmaker）たる証拠である。法実践を含め、過去の事実や将来の予測を有意味に語ることは常に、現在における証拠の意味付けにほかならない。報告者はこうした「証拠現在主義」を支持する。本報告は第一に、①生成滅失する証拠を法実践の中核に位置付ける世界観の妥当性について検討する。次に、そうした法的時間秩序の結節点たる証拠について、誰がそれを証明すべきかという責任の分配論に移る。この分配は原則／例外図式のもと、証拠へのaccessibility、社会的公正など、個別具体的な紛争解決における正義のもとに考えることの必要が指摘されてきた。本報告ではいくつかの具体的事例を素材に、②要件事実論的思考がいかなる正義論を要請するか、それにとどまらず、それがいかなる世界観を支持するかを考察することによって、要件事実論の哲学的（存在論的、科学哲学的）基礎を考える。

要するに：法的「事実」の捉え方について、形而上学的な世界観にさかの

---

1 ― 本報告の内容は、先日（2017年11月18日）の日本法哲学会学術大会報告「『証拠』概念の再定位」の一部を利用し、そこでの議論が要件事実論に寄与できることを明確にしようと試みたものである。

> のぼって考える。

0. 自己紹介

- 創価大学法科大学院での法哲学教育についてなど

1. はじめに：本報告で行うこと

- 要件事実論と基礎法学の協働可能性については、「法学セミナー」2008年3月号「特集 要件事実論と基礎法学」や、伊藤滋夫編『要件事実論と基礎法学』（日本評論社、2010年）などにおいて相当に多面的な考察が既になされている（本講演会の他の報告・コメントも、それをさらに豊かにするものとなろう）。
- 報告者は法哲学を専門とするが、上記特集・編著においても法哲学からの論考がいくつか収められている。そこでは法論理学や法的思考論からのアプローチがなされており、要件事実論の論理構造や思考法を明らかにし、より精緻にする方向であるといえる。その一方、資源や福利の分配基準を原理的次元にさかのぼって考える**分配的正義論**は、要件事実論においては個別的に考えざるをえない場合が多いからか、それほど前景化されていないようである。実務家の法的判断にあたっての**行為ガイドの提供**なり、「人間の尊厳」といった**抽象的価値の明晰化**といったことも規範理論の役割とするならば、その点で法哲学からの要件事実論への寄与の余地はまだ残されていると考える。
- 本報告では、最終的にそうした問題に接続することを目標としつつ、その基礎として、要件事実論における「**事実**」のあり方についての原理的検討を行う。裁判において認定される事実は**証拠**によって支持されるが、<u>もはや過ぎ去った過去の事実（将来の損害が問題になる場合においてはいまだ起こっていない将来の事実）が、現在の証拠によって支持されるとはどういうことか</u>。その哲学的（存在論的・形而上学的）検討を行う。

> 要するに：法的事実認定にあたって現在と過去をつなぐ「証拠」とは何だろうか？

0.1 報告者の立場

● 時間論における「現在主義（presentism）」をとる。
　◆ 現在主義は、世界の事物はこの現在という一時点のみにおいて実在するという存在論的立場であり、**この世界は一瞬ごとにまるごと現れる**（wholly present）ものと捉える。
　◆ したがって、過去や将来の事物は実在しない。
　◆ しかし、そうすると「被告人○○は、**過去の**2017年1月1日に△△の行為を行った」といった事実認定が不可能になるのか。そのような存在論は魅力的ではありえない。したがって、現在主義者は、**過去や将来に関わる時間性質（time property）が現在において実在する**などといった方向で考えることになる。その表現のひとつが「**証拠（evidence）**」である。
　◆ ここでの証拠は将来の事実をも支持するものであり[2]、また日常的・法的語法におけるものと同様に「散逸」するものである（それは現在主義的世界像からすれば自然なことである）。
　◆ 我々は法実践において、そのような意味での証拠に基づいて事実を認定しているのだ、と記述することは妥当だろうか。それとも、また別の世界観に基づくほうが法実践をよりよく説明できるだろうか。

● 法の第一義的役割は社会における時間秩序（time order）の構築であり、それは社会における時間性（temporality）の共有によってなされる。
　◆ 裁判は過去（場合によっては将来）の事実認定を通じて記憶を権威的に共有させ、立法は将来の先取りによって予期を権威的に共有させる実践である。
　◆ 要件事実論は、そこにおいて何が認定されるべき事実であるかを、原則／例外、主張／抗弁／再抗弁といった図式をもとに**構造化**するものとして捉えられる。

---

[2] 将来の事実の証拠というのも想像しにくいかもしれないが、たとえばAの心臓が破裂したという事実は、「Aはやがて死ぬ」という将来の事実の証拠となる、といったことを思い浮かべればよい。

> 要するに：要件事実的思考は、証明されるべき法的事実を**段階的に**構造化する。

2. 存在論から考える──「神の視点」は必要か？

- 存在論（ontology）は、世界の客観的なあり方を問う形而上学（metaphysics）である。その議論の当否は、認知的限界を抱える現実の人間の認識には依存しない。
  - ◆古典的な例として「誰もいない森のなかで木が倒れた場合、そこで倒れる音はしたか」といったものがある。それを真正な問いとみなすのが存在論であるが、人間にとって知りえない事柄である以上、議論するだけ無意味であるということもできる。さて、法理論（とりわけ事実認定論）はそういった問題を考えなければいけないのだろうか。
  - ◆人間の知識の正当なあり方を問う哲学分野が認識論（epistemology）であり、一見したところ、法理論はそれのみを問題にすればよさそうに思える。実際の裁判でも、両当事者が関知していない（したがって主張していない）事実の有無について判断する必要はない。いわば、神ならぬ人間は「事実」をその能力の範囲内でしか認識できないし、その正統（legitimate）なアプローチとして〈法〉と〈科学〉は二大権威として受け入れられている。
  - ◆そうすると、法理論にとって人間の認識を超えた存在論的な世界の客観的描像は単なる余剰であるのだろうか。**そうではない**。

> 要するに：世界がどのように存在しているのかを問う存在論は、法解釈論にも必要である。

2.1 分析形而上学における時間論

- 現代の英米分析哲学では、「時間とは何か？」といった伝統的な存在論に関わる問題について、分析哲学の道具立てを用いた議論が盛んになってい

る（分析形而上学：analytical metaphysics）。
- ●過去／将来の事物や出来事は実在（exist）するかどうかという問題については、大きく分けて以下のような立場がある。
  1. 三次元主義（three-dimensionalism）：事物は一時点において余すところなく現れる
  2. 四次元主義（four-dimensionalism）：事物は四次元時空間に時間的延長をもって存在する
  3. 現在主義（presentism）：現在の事物のみが実在する
  4. 永久主義（eternalism）：過去・現在・将来の事物はすべて同じように実在する
  5. 成長ブロック宇宙説（growing-universe theory）：過去は実在するが、将来は実在しない
- ◆1と2は存在者の持続（endurance）をめぐるものであり、3〜5は世界の時間的あり方をめぐるものである。組み合わせはさまざまにありうる（ここに挙げたもの以外の立場も多くある）。
- ◆報告者は1＋3（三次元主義＋現在主義）を採用する。法実践にとって食い合わせのよさそうなものは過去：実在、将来：非在の2＋5（四次元主義＋成長ブロック宇宙説）のように思えるが、必ずしもそうではない。

2.1.2 時間論の法的関連性

- ●時間論が法的あるいは道徳的な関連性（relevance）をもつ典型的な議論として、いわゆる「死の害（evil of death）」の問題がある。
  - ◆人の死は<u>不自然な場合を除き（例外）</u>、<u>悪いものであるだろう（原則）</u>。しかし、その悪さは、①誰にとっての、②いつのものなのだろうか？

［頭の体操］ルクレチアン・アーギュメント：我々は自分の人生がこれから1年短くなるのは嫌なことであろう。だが、親がうっかり年齢を数え間違えていて思っていたよりも1年遅く生まれていた（今後の生存期間は変わらないものと仮定する）と知ることは嫌だろうか。おそらく後者はそれほど嫌ではない。しかし、全体としての生存期間は同様に1年短くなって

いる。ここで時間的に非対称な意識をもつ我々は非合理な思考をしているのだろうか？

◆一例として、伊藤（2010）は死刑存廃論をめぐる議論について、人命尊重について原則／例外図式、誤判可能性について主張／抗弁／再抗弁といった形で整理し、要件事実論的思考法が民事訴訟法学にとどまらない法的汎用性をもつものであることを示している。
　◇しかし、<u>誤判による死刑はなぜ悪い</u>のだろうか。それがなされてしまった以上、本人はこの世に存在しないのだから、本人にとって悪いとは言えなくなるのではないか（社会的影響を持ち出すのであれば、誰もいない森の中での誤判は悪いと言えるだろうか？）。
　◇この「死の害」の議論は他にも、<u>死者の名誉毀損</u>や、<u>逸失利益の算定</u>など、広範な法的問題に影響を及ぼす。
　◇死者の名誉毀損の保護法益の通説のように、死者の**残存する**人格的利益といったものを考える場合、我々は人の生を四次元時空間上で延長するものと捉えていることになる。また、三次元主義的には死の時点での生への欲求の途絶そのものが悪であるといった説明（欲求途絶説）などをすることになるが、こうしたものはいずれにせよ、法的な利益／不利益について一定の時間論的立場へのコミットメントを示すものである。そして、我々は法実践において人間の認識から独立した利益／不利益自体の実在を想定しているのであり、要件事実論はそれにしかるべき法的効果を与えるためにいかなる事実の証明が必要かを考えるものと言える。つまり、要件事実論は存在論的水準においても事実を構造化せざるをえない。
　◇要件事実論が対象とする事実は既に法的に価値付けられた事実であり、事実に対する価値（利益／不利益も含め）の帰属を考えるためには客観的世界をどのように描写するかという存在論的思考が不可欠である。

要するに：要件事実論は、「いまだ／もはや存在しない」対象に関わっている。そういった事実を「証明」するとはどういうことだろうか？　何ら

> かの時間論が前提とされていると考えるべきではないか？

2.2 現在主義の法的課題

- 現在主義（presentism）は、現在時点のみの存在者の実在（reality; existence）を認める。世界のすべての事物はこの一瞬ごとに現れては消えていく。ex. アウグスティヌス「永遠の現在」
  - ◆この世界観において、「かつて地球上に恐竜が存在した」といった過去に関わる命題はいかにして真になりうるだろうか？

> 要するに：現在だけが実在するのであれば、法実践はどのように過去や将来の事実を扱えばよいのか。

2.2.1 証拠現在主義──世界と我々をつなぐものとしての「証拠」

- 小山虎「証拠現在主義（evidence presentism）」[3]：過去／将来の存在者を例化する時間性質（time property）を現在において有するものとしての「証拠（evidence）」。
- 過去／将来命題を真にする存在者たる時間性質（time property）が真理製作者（truthmaker）として現在において実在するとみなす。
  - ◆たとえば、恐竜の化石は「かつて恐竜が存在した」という<u>過去の事実を真にする時間性質</u>を有していることになる（かもしれない）し、血の付いたナイフは「AがBを殺害した」という過去の事実を真にする時間性質を有している（かもしれない）。
- truthmakerたるpropertyは、存在論的には<u>対応者関係</u>が同定される（＝正解がある）。しかし、神ならぬ我々にはその正しい対応者関係を知ることはできないため、「何を証拠とみなすか（＝何を・どのように提出すれば、ある法的事実が証明されたと言えるのか）」を定める実践が必要になる。

---

3 ── 小山（2007）を参照。あるいは安藤（2007：77-78 n23）は端的な de re 時間様相を放棄し、言語的構築物たる現在時点以外の代用品的 ersatz 時点断片との対応者関係によって de re 時間様相を構築する可能性を示す。

◆いかなる証拠を探求すれば過去あるいは将来についての正しい知識を得ることができるかという問題において、証拠の存在論と認識論が接続される。

> 要するに：我々は「証拠」を通じて、もはや失われた／いまだ到来しない客観的世界と接続する。

3.「証拠」の法哲学／科学哲学

●前節で「対応者関係」と述べたものの、証拠による事実認定は、たとえば「テーブルの上にりんごがある」という命題を現実のテーブルの上のりんごが真にするような単純な対応関係ではない。一般的に、証拠は証明されるべき事実に対して関連性（relevance）をもち、それは①具体的重要性（materiality）、②証明力（probative value）といった、程度を許す基準（米連邦証拠規則401条a／b）によって判定される。

- ◆証拠と事実の関係は、単純な対応関係ではないが、かといって全体論的（holistic）なものでもない。証拠には relevance の範囲があり、多くの――「すべての」ではない――証拠が各自の証明力でもって事実を証明することになる。
  - ◇証拠は「クロスワード・パズル」　Haack（2014）
- ◆要件事実の設定は、いかなる証拠を当該事実にとって relevant なものと判断するかという考慮と一体のものである。**証拠は存在論的に程度的なものであるがゆえに、その関連性の考慮はきわめて規範的、および制度依存的なものとなる。**
  - ◇証拠へのアクセス可能性は現実には対等でなく、それが証明責任分配にあたっての規範的考慮を要請する。
  - ◇証拠の認定プロセスは現実には制度依存的であり、司法においては当事者主義／職権主義といった訴訟構造のあり方として具体化される。要件事実論的思考は証拠探求（inquiry）プロセスの一つのあり方を示している。

> 要するに：証拠は本質的に程度問題であるがゆえに、その探求は規範的・制度依存的になる。

3.1 統合科学としての証拠論

● 「証拠」の探求がこのような性格のものであるがゆえに、近年、科学哲学からの証拠論、特に法実践がそれに適したものであるかどうかといった議論も盛んになされている。
    ◇ Frye 基準から Daubert 基準へ：専門的証拠（expert evidence）の「開き方」[4]
    ◇ 証拠探求（inquiry）の制度依存性：当事者対抗主義（adversary system）はそれに適した裁判制度か？ ［対比］認知民主主義（epistemic democracy）
    ◇ 要件事実論の対話的／物語的性格

> 要するに：数多くありうる証拠認定プロセスにおける、要件事実論的思考の位置は？

4. まとめ

● 「証拠」は現在主義的世界において過去・現在・将来を接続するものである。
● 「証拠」は存在論的に程度的であるがゆえに、その探求は規範的・制度依存的なものとなる。
    ◆ 要件事実論はその証拠認定プロセスの一つとして位置づけられる。
● 生成滅失する・程度的なものとしての「証拠」を中心に置く現在主義的世界観は、現状の法実践に適合的で健全なものである。

---

4 ― 参照、Jasanoff（1995=2015）、渡辺・吉良（2015）。

[以下は法理論上の補足]

1. 規約主義と排除的法実証主義

●現代英米の法実証主義は、社会的事実としての conventional sources のみが法の同定基準となると考える。

　◇排除的法実証主義 exclusive legal positivism は、実定法に規定されざる道徳的要素を法概念から放逐する。⟵⟶包含的法実証主義 inclusive legal positivism ／ soft positivism

　◇民主的正統性を欠く裁判官への不信と、民主的立法過程への信頼がセットに。

　◇本発表は、予見可能性の確保のためこれを規範的に支持する。他の支持根拠としては、道徳による法批判の可能性を重視する L. Murphy の立場など。

1.1 A. Marmor の構成的規約

● Lewis 流の social conventions：調整問題の解決として。

● Marmor の social conventions：構成的規約（constitutive conventions）の特徴として、①体系性、②部分的自律性、③動態性、④有効性といったものを挙げ、それによって形作られる包括的文法がある実践（とりわけ法実践）を可能にすると論じる。Marmor［2007］など。

　◇ Marmor において social conventions は法実践そのものを可能にする条件であって、法そのものではない。Hart 的発想から離反し、かかる条件を法と認めないのは、構成的規約は行為を可能にする条件であって、行為の理由を与えるものではないから。排除理由を提供する権威志向的法という Raz 的な法概念を継承していることによる。

　◇前節の「証拠」認定ルールを Marmor 的な構成的規約として理解していく道筋。「包括的文法」に相対的な真理基準のあり方。

1.2 排除的法実証主義は "anything goes" か？

●排除的法実証主義は、Fuller 的な法内在的道徳といった、非－実定的な規

範を法として認めない。R. Dworkin 流の integrity といった継時的拘束も法に外在的な要素となる。かわりに、法はその非体系性・非連続性によって特徴付けられることになる。

　◇しかし、「理由」概念の援用にみられるように、Marmor 的法実証主義者とて法的推論上の論理規則までも手放すわけではない（←→後期ケルゼン、ルール懐疑主義）。それは構成的規約として「包括的文法」の側に押しやられるのかもしれないが、そこにおいて法と法外なものの区別は曖昧にならざるをえない。結局のところ、何を事実として法に算入するかにおいて規範的判断は避けられない。（井上 [2003]）

　◇そうすると、裁判官による恣意的な法解釈への警戒という理論動機を理解するにしても（それは予見可能性の確保にとって重要なものである）、Fuller 的原則その他の要請をすべて捨て去ることは魅力的でない。

　◇本発表では、社会に時間的秩序をもたらす法の役割を重視する立場から、予見可能性を確保するものとして再解釈される限りでの Fuller 的諸原則および規約的な論理規則・法的推論規則を法に包含する法概念論を、規範的に主張することになる。

2. 意味論的規約主義から、答責的主体析出の論理へ

●野矢＝大屋流の根源的規約主義の毒牙は意味論的には深刻だが、法実践はそれを正しく忘却したところで成り立っている（大屋自身、その忘却のための処方箋を書くことに力を入れている）。

●限定的／根源的規約主義はいずれも推論規則および真理条件に関わる意味論上の主張だが、存在論的に読み替えるならば、ある規約を一回的な行為として確定する論理に転用されうる。行為の確定によって遡及的に答責的主体が析出されるのであり、その逆ではない。ここにおける「行為」とは、ある時点においてある空間を物理的に埋めることであるという、Steiner=Carter 的理解をとっている（cf. Steiner [1994], Carter [2004]）。そこから一連の easatz な時間断片が拡張され、規約的にその範囲が確定される（＝証拠付けられる）。

●「主体の論理」を仮に是とするのであれば（しないならしないで構わないが）、

かかる現在主義と規約主義の結合による答責的行為主体の析出には一定の魅力があると考えられる。永久主義的論理によるならば、ある行為はそのすべての時間的前後、すなわち世界の始まりから終わりまで property として実在し、特定の行為の発現はその偶然的な例化にすぎない。ここで行為の始まりと終わりの範囲を確定するには存在論だけでは足りないが、人為的＝規約的要素を入れるほどに本発表の証拠現在主義＋規約主義のセットに近付いていく。

◇永久主義的論理が主体の抹消に向かう、最もグロテスクな例として、Rubenfeld［2001］。そこでは貫時間的共同体の延続 perdurance が自明視されることによって、個々の構成員の答責的主体化の道が閉ざされることになる。

◇あるいは Arendt の「忘却の穴」。証拠隠滅はなぜ悪いか問題。

［**文献**（注記したもののみ）］

＊安藤馨［2007］『統治と功利』勁草書房
＊井上達夫［2003］『法という企て』東京大学出版会
＊吉良貴之［2009］「法時間論——法による時間的秩序、法に内在する時間構造」『法哲学年報2008』
＊吉良貴之［2013］「死者と将来世代の存在論——剥奪説をめぐって」仲正昌樹編『「法」における「主体」の問題』御茶の水書房
＊渡辺千原・吉良貴之［2015］「『法と科学』の相互構築性」in Jasanoff［2015］.
＊小山虎［2007］「現在主義・時制・Truthmaker」『科学基礎論研究』34-2号、2007年
＊C. Bourne［2009］*A Future for Presentism*, Oxford U.P.
＊Carter［2004］*A Measure of Freedom*, Oxford U.P.
＊S. Jasanoff［1995=2015］*Science at the Bar*, Harvard U.P.（渡辺千原・吉良貴之監訳『法廷に立つ科学』勁草書房、2015年）
＊A. Marmor［2002］"Exclusive Legal Positivism", in *The Oxford*

Handbook of Jurisprudence & Philosophy of Law, eds. J. Coleman & S. Shapiro, Oxford U.P.
＊A. Marmor［2007］*Social Conventions*, Princeton U.P., 2007
＊T. Merricks［2009］*Truth and Ontology*, Harvard U.P.
＊T. Sider［2003］*Four-Dimensionalism : An Ontology of Persistence and Time*, Oxford U.P.（中山康雄監訳『四次元主義の哲学』春秋社、2007年）
＊H. Steiner［1994］*An Essay on Rights*, Wiley-Blackwell.
＊J. Rubenfeld［2001］*Freedom and Time*, Yale U.P.

講演2レジュメ
立証責任の分配基準を求めて
法と経済学の視点から

飯田　高

骨子
　裁判における立証責任を誰に負担させるか、そしてどのような基準で負担者を決定するかという問題をめぐっては、すでにさまざまな議論が蓄積されている。本報告では、要件事実論に対して基礎法学が与えうる貢献を示す一例として、法と経済学の観点から立証責任の分配基準について扱った議論を紹介することにしたい。経済学的アプローチは、人々がある行動を選択する「インセンティブ」を重視するとともに、行動間の相互作用を表すフォーマルな「モデル」を用いることによって、ルール（今回取り上げるのは立証責任の分配に関するルール）が人々の行動や社会的結果に及ぼす影響を探究するものである。ここでは、①経済学的アプローチが立証責任の分配基準に関する議論にどのような示唆を投げかけうるか、②法と経済学にはどんな難点や課題があり、今後いかなる方向に発展していくと考えられるか、③経済学的アプローチ（のみならず社会科学的アプローチ一般）がとる思考枠組が要件事実論の思考枠組とどの程度共通しているのか、といった問題を順次論じていく。

第1　はじめに

1．主張責任・立証責任
　初めに、本報告での「立証責任」の意味について述べる。
・「立証責任」…「訴訟上ある要件事実の存否が不明とされた場合に、その要件事実の存在を前提とする法律効果が認められないことになるという当

事者の不利益」
- 主張責任の所在と立証責任の所在は一致する[1]（したがって「主張立証責任」と呼ぶ場合もある）。
- 主張立証責任対象事実を定める作業は、立証責任を誰に負担させるかを確定する作業と同じである[2]。

→それでは、どのような基準を使って立証責任の負担者を決めるべきか？

2．立証責任の分配に関する現在の議論（ごく簡単に）

法規が明文で立証責任の分配を定めるのはまれなので、法規の解釈によって決められる。

その際に考慮すべき要素として、たとえば次のような点が挙げられる[3]。
- 制度や立法の趣旨に適うか否か
- 当事者間の公平の観点からみて妥当か否か
  - 現状を変更しようとする当事者（証明責任分配の消極的基本原則）
  - 必要な証拠にアクセスしやすい当事者
  - 証明がしやすい当事者
- 例外的事象か否か

3．本報告の趣旨

ここでは、要件事実論に対して基礎法学がなしうる貢献を示す一例として、「法と経済学」の視点から立証責任の分配基準を扱った議論を紹介し、その意義を論じる。経済学的アプローチによって立証責任を考察することは、上に挙げた考慮要素を違った視角から捉えようとする（あるいは別の考慮要素を加えようとする）ことに等しい。

---

1 ― 伊藤滋夫『要件事実の基礎〔新版〕』（有斐閣、2015年）149～156頁。なお、立証責任を経済学的に分析する文献でも、立証責任（burden of persuasion）と主張責任（burden of production）を区別していないことが多い。おそらく分析を単純化するという理由もあろうが、それ以前の問題として、当事者のインセンティブを考えると両者を区別する必要性は乏しいという理由があると思われる。

2 ― 伊藤滋夫『要件事実の基礎〔新版〕』211～213頁。

3 ― 考慮要素を体系的に並べているわけではなく、アットランダムに挙げたものにすぎない。それぞれの考慮要素の詳細については、新堂幸司『新民事訴訟法〔第5版〕』（弘文堂、2011年）609～614頁、伊藤眞『民事訴訟法〔第4版補訂版〕』（有斐閣、2014年）359～360頁などを参照。

さらに、法と経済学の課題と今後の方向性、要件事実論の思考枠組の特質についても若干の考察を行う。

第2　経済学的視点

1．経済学的アプローチの前提と特徴

経済学的アプローチは、「記述的分析」と「規範的分析」に大別することができる。

(1) 記述的分析

事実の描写と予測
- 個人の意思決定や行動の分析　　　→行為者のインセンティブに着目
- 個人の行動と社会状態の関係の分析　→モデルを用いた考察・検討
    モデルは数理モデルであることが多いが、それに限定されない

(2) 規範的分析

社会状態（およびそれを導く手段）の評価
- 「目的」の設定　→目的との関係で望ましい行動を考える
    特に社会厚生最大化や費用最小化（効率性の基準）
- 望ましい社会状態を導くルールの探求

2．法に対する見方

法と経済学は、法を「事前の視点」から捉えた上で、法の効果を予測して法の評価をしようとするところに特色がある[4]。

- 事前と事後

    事後（ex post）の視点

    　　特定の事実関係を前提として、現在の問題を解決するのに適切なルールを考える

    事前（ex ante）の視点

    　　ルールに対して将来の人々がどう反応するかを考慮し、適切なルールを考える

---

4 — WARD FARNSWORTH, THE LEGAL ANALYST (The University of Chicago Press, 2007), 3-12.

・「法」の機能の捉え方
　　事後の視点　→過去に生じた紛争に対し、一定の解決策を提示する
　　　　　　　　　　法＝権利や救済方法を示す紛争解決基準の集合体
　　事前の視点　→将来生じうる紛争に対し、一定の影響を与える
　　　　　　　　　　法＝行動に影響を及ぼすインセンティブ付与のシステム
・実体法と手続法はどちらも「インセンティブを人々に付与し、望ましい社会状態を導くためのシステム」と考えることができる。

3．立証責任の機能の探究

　事前の視点からみると、立証責任にはどのような機能があり、立証責任を誰に負担させるのが望ましいと考えられるか。立証責任の機能を探究する場合、下記の問題に答える必要がある。
　［記述的側面］
・立証責任に関するルールは、当事者に対してどのようなインセンティブを与えるか。
　　立証責任を課されている当事者／課されていない当事者
・立証責任ルールが変更されると、当事者の行動および社会状態はどのように変わるか。
　　当事者以外の人に及ぶ影響も考慮
　　個人の行動がいかなる社会状態をもたらすかを分析するためのモデル

　［規範的側面］
・帰結たる社会状態をどのように評価するか。
　　どの領域の効率性？　　一定の範囲の人々（たとえば訴訟当事者）か、
　　　　　　　　　　　　　社会全体か訴訟中の行為に着目するか、その前
　　　　　　　　　　　　　の行為にも着目するか
・最も望ましい社会状態を実現するルールはどういうものか。

　どの範囲の「効率性」を考えるかについては、研究者の間でも意見が一致しているわけではない。以下では、⑴「訴訟コストの最小化」という意味での効

率性(換言すれば、訴訟における当事者の行動に着目した場合の効率性。これは次の**第3**で扱う)、(2)抑止の対象となる行為(primary activity)[5]のコントロールまで含めた効率性(つまり、訴訟中の行動だけでなく訴訟で問題とされうる行動までを視野に入れる場合の効率性。こちらは後述**第4**で扱う)の2つに分けて述べていく。

第3 経済学からみた立証責任の分配(1)：訴訟コストの最小化

本節では、訴訟コストを最小にするという意味での効率性に焦点を絞った上で、立証責任に関する経済モデルの例として Hay and Spier (1997) の提示したモデルを取り上げる[6]。

1．訴訟コスト

紛争をなるべく安価に処理できれば、効率性の観点からは望ましいと言える(金銭的・時間的費用だけでなく、精神的費用も含めてもよい)。なかでも、当事者が証拠を収集して提出するためのコストや、裁判所が正確な情報を得て適切な判断を下すためのコストは、積算すると無視できない大きさになる。

2．Hay and Spier (1997) のモデル

Hay and Spier (1997) のモデルは、原告と被告が「Xが起こった」ことを示す証拠を提出するか否かを決定しようとしている場面を描写するものである。ここでは、たとえば被告の過失など、原告にとって有利な事情を示す証拠としておく。

《仮定》
・証拠があれば、裁判所はXが起こったか否かを確実に知ることができる

---

5 ─後の**第4**で触れるように、多くの法的ルールには抑止の対象となる行為が存在する。たとえば、不法行為法の場合であれば「十分な注意を払わずに運転する」、「被用者を適切に監督しない」、「欠陥のある機械を製造する」、契約法の場合であれば「定められた期限までに代金を支払わない」、「手を抜いて仕事をする」などである。ここではこれらを総称して primary activity (または primary behavior：一次行動) と呼んでいる (**第4**1で改めて述べる)。注6の Hay and Spier (1997)、注8の Sanchirico (2008) などを参照 (これらの文献については後で触れる)。

6 ─Bruce L. Hay and Kathryn E. Spier, *Burdens of Proof in Civil Litigation: An Economic Perspective*, 26 J. LEGAL STUD. 413 (1997) を参照。なお、このモデルを和解の局面にも応用した研究として、Bruce L. Hay, *Allocating the Burden of Proof*, 72 IND. L.J. 651 (1997) を参照。

・原告も被告もその証拠を利用することができる（その際のコストは異なりうる）
・証拠を収集して提出するコストは、係争額と比べて十分に小さい

(1) 当事者のインセンティブとその結果（記述的分析）
［原告に立証責任がある場合］
　被告の行動：Xが起こっていても起こっていなくても、証拠は提出しない
　　　＊Xが起こっていれば、明らかに被告は証拠を提出しない。逆にXが起こっていなければ、わざわざ証拠を提出しなくても（原告に立証責任があるため）勝てる。
　原告の行動：Xが起こっていたとき、かつそのときに限り、証拠を提出する
　　　＊Xが起こっていれば証拠を提出する必要がある。Xが起こっていなければ証拠を提出しても意味がない。
［被告に立証責任がある場合］
　原告の行動：Xが起こっていても起こっていなくても、証拠は提出しない
　被告の行動：Xが起こっていないとき、かつそのときに限り、証拠を提出する
　　　＊このような行動の組み合わせに落ち着く理由は上と同様。

→結局、「立証責任を負担する当事者は、当該証拠が自分の立場を支持するとき、かつそのときにのみ証拠を提出する（他方、立証責任を負担していない当事者はどちらにしても証拠を提出しない）」という結果になる。

(2) 望ましいルール（規範的分析）
証拠に関連するコストを最小化するためには、
　［A］Xの発生確率×Xの発生を示すために原告が負担するコスト
　［B］Xの不発生確率×Xの不発生を示すために被告が負担するコスト
を比較し、A＜Bであれば原告に、A＞Bであれば被告に立証責任を課すべきことになる。

たとえば、次の（ⅰ）（ⅱ）の両方を満たす場合は原告に立証責任を課すべきである[7]。
（ⅰ）原告と被告のいずれが証拠を収集・提出しても、負担コストには大差がない。
（ⅱ）Xの発生確率がXの不発生確率と比べて十分に低い。

これに対し、「原告がXの発生を示すために負担するコスト」が「被告がXの不発生を示すために負担するコスト」を大きく上回れば、被告に立証責任が課される（製造物責任が例）。あるいは、Xの発生確率がXの不発生確率を大きく上回る場合も、被告に立証責任が課されやすくなる（推定が働くケースが例）。

3．具体例

・即時取得
　　甲からパソコンの返還請求をされた乙が、「パソコンは丙から買い受けたものであり、即時取得している」と主張
　→乙が自分の善意・無過失を立証するべきか、それとも甲が乙の悪意（丙が所有者だと信じていなかったこと）または有過失を立証するべきか？

・遺言無効確認
　　甲が乙に対し、丙の自筆証書遺言が無効であることを主張
　→「自筆証書遺言の有効性」や「丙の遺言能力の有無」は誰が立証すべきか？
　　＊最判昭和62年10月8日民集41巻7号1471頁

7―HayとSpierの論文は、ベイズの定理を適用しながらやや詳しい指針を述べている。すなわち、$P(X)$をXが発生する（事前）確率、$P(\neg X)$をXが発生しない（事前）確率、$P(Y)$を裁判所がある特定の情報を得る確率とすると、本文で示した「Xの発生確率」（これは事後確率である）は$P(Y|X) \times P(X)$、「Xの不発生確率」は$P(Y|\neg X) \times P(\neg X)$と表すことができる（なお、$P(Y|X)$はXのもとでYが生ずる条件付確率を表している）。したがって、もしXが発生する事前確率（$P(X)$）としない事前確率（$P(\neg X)$）に大きな差がなければ、$P(Y|X)$と$P(Y|\neg X)$の大小関係が重要ということになる。たとえば、$P(Y|\neg X)$がきわめて小さい場合は、被告に立証責任が課されるべきという結論に傾く。

第4　経済学からみた立証責任の分配(2)：行為のコントロール

　前の節では訴訟に関係するコストのみに着目してきたが、訴訟に至る前の段階の当事者の行動を考慮することが必要になる場合もある（不法行為はその典型例であろう）。本節では、訴訟前の行動に関する当事者のインセンティブを考慮した Sanchirico（2008）のモデルを取り上げる[8]。

1．一次行動のコントロール

　言うまでもなく、手続法は実体法に定められた権利や義務を実現するためのものである。事前の視点からすると、実体法は人々にインセンティブを付与し、ある行動を促進したり抑制したりするシステムであった（**第2 2参照**）。そうだとすれば、手続法も実体法が促進または抑制の対象とする行動（一次行動）に影響を及ぼしうるであろう。

2．Sanchirico（2008）のモデル

　立証責任に関するルールはそのような一次行動にいかなる影響を及ぼすと考えられるだろうか。Sanchirico（2008）はその影響を分析するための精緻なモデルを組み立てているが、ここではその基本部分のみを紹介する。
　《仮定》
　　・一次行動が適切であれば（たとえば、運転のときに適切な注意を払う、契約内容に従った履行をするなど）、証拠のコストは小さくなる
　　・当事者は、訴訟における相手の出方を考慮しながら一次行動を選択する

(1)　当事者のインセンティブとその結果（記述的分析）
　b：被告が不適切な一次行動をとることによって得られる便益[9]

---

8 ─Chris William Sanchirico, *A Primary-Activity Approach to Proof Burdens*, 37 J. LEGAL STUD. 273 (2008) 参照。また、訴訟に至る前の行動を経済学的に分析した邦語文献として、加賀見一彰「証明責任の分配：経済学的アプローチ」法と経済学会第1回学術講演会研究発表梗概集（2003年）128頁以下も参照。
9 ─訴訟前の一次行動の話なので厳密には「潜在的被告」と言うべきだが、煩雑さを避けるため、単に「被告」と呼んでいる（原告についても同様）。

Δ：「不適切な一次行動をとった場合に被告が訴訟によって受ける損失」と「適切な一次行動をとった場合に被告が訴訟によって受ける損失」の差
もし $b < \Delta$ であれば、被告は適切な一次行動を選択する

[原告に立証責任がある場合]
 被告の行動：敗訴したときの支払額が十分に大きければ、適切な一次行動を選択
 原告の行動：被告が適切な一次行動をとれば訴訟を起こさない

[被告に立証責任がある場合]
 被告の行動：「敗訴したときの支払額－立証のためのコスト」が十分に大きければ、適切な一次行動を選択
  （立証にかかるコストの分だけインセンティブが弱まる点に注意）
 原告の行動：被告が適切な一次行動をとれば訴訟を起こさない
  （均衡においては、証拠を提出するインセンティブはない）

(2) 望ましいルール（規範的分析）
原告に立証責任を課す場合のほうが、被告に立証責任を課す場合よりも、
① 被告が適切な一次行動を選択するインセンティブは大きくなる
②（被告が適切な一次行動をとる可能性が不適切な一次行動をとる可能性よりも大きい限り）社会的費用は小さくなる

より一般的に述べると、「立証責任を負担すべきなのは、コントロールの対象となっている側ではなくその相手方」という（一見すると直感に反する）結論になる[10]。

3．具体例
・不法行為

10—この命題が成立することを示すためにはよりフォーマルなモデルが必要になる（技術的に細かい点が多いので、Sanchirico のモデルの詳細については割愛）。

被告の故意または過失を立証する責任は原告にあるが、通常のケースでは、原告は相対的に証拠にアクセスしにくい。しかし、「立証責任を負担すべきなのは、コントロールの対象となっている側ではなくその相手方」という上記の結論からすれば正当化が可能。

・その他の具体例

第5　小括：経済学的アプローチの意義

1．これまでの議論のまとめ

ここで取り上げたのは立証責任の経済分析の一部にすぎないが、まとめると次のように言える。

立証責任分配ルールは、(a)訴訟中の当事者の行動だけでなく、(b)訴訟に至る前の一次行動にも影響を与えることがある（一次行動に影響するか否かは問題によって異なる）。(a)のみの考慮でよい場合は、（潜在的）原告が負担するコストの期待値と（潜在的）被告が負担するコストの期待値をそれぞれ計算し、コストがより小さくなるように立証責任を分配すべきである。一方、(b)の考慮も要する場合は、規制の対象となっている一次行動をとりうる側の相手方に立証責任を負担させるべきことになる。

2．立証責任の分配基準に関する議論への示唆

以上の（一応の）結論は、どのような場合に制度や立法の趣旨に適うか、どういう場合に立証の公平が実現するかという問い（**第１２**）に対して別の角度（具体的には事前の視点）から答えようとするものである。

訴訟中の当事者の行動に着目する場合は、従来の議論からそれほどかけ離れた結論になっているわけではなく、比較的納得しやすいのではないかと思われる。しかし、訴訟に至る前の一次行動を含めて考える場合は、直感に反する（だが現実の法制度にはある程度沿っている）結論が出てくる。

3．経済学的アプローチを利用することの意義

普通の人の感覚では、事前の視点と事後の視点があまりはっきりとは分けられておらず、双方の視点が混在している。

経済学的アプローチはこのうち事前の視点を強調し、法が実際にどのような効果をもちうるかを明示的に検討しようとする。要件事実のあり方や主張立証責任の分配は法の実際の作用を左右するきわめて大きな役割を果たすので、経済学的アプローチとの親和性は意外と高いのではないかと私は考えている（特に、経済分析を行おうとする人が要件事実論から学べることは多い）。

第6　課題と今後の展望

立証責任の経済分析は、その重要性にもかかわらず決して多くはない。立証責任の経済分析を進めていく余地は多分に残されているが、克服すべき課題もある。以下、記述的分析と規範的分析のそれぞれについて問題点を述べる。

1. 記述的分析について

(1) 当事者はどのくらい合理的に意思決定をするのか

まず、経済分析一般に対する批判として、行為者の合理性の仮定をめぐる批判がある。これについては、たとえば「行為者が合理的な行動を意図的に選択しようとしていなくても、合理的な行動が生き残る」というディフェンスが可能ではあるが、現実の人間の行動を（主に実験の方法を通じて）明らかにしようとする研究が増えつつある[11]。

(2) 実際の当事者は何を目的として行動しているのか

上の合理性の問題とは別に、人々が立証責任に関するルールをどの程度意識しているのか（そもそも知っているのか）という問題もある。ことにSanchiricoのモデルは当事者が立証のコストを考えて一次行動を選択しているが、そのようなことは実際にどのくらい起こっているのだろうか。

---

[11] たとえば、Eyal Zamir and Ilana Ritov, *Loss Aversion, Omission Bias, and the Burden of Proof in Civil Litigation*, 41 J. LEGAL STUD. 165 (2012) を参照。これは、証明度が人々の意思決定にどのような影響を及ぼすかをシナリオ実験によって解明しようとする研究である。著者はこの論文の中で、人々が現状からの損失を過度に嫌う傾向（損失忌避）を考えると原告に証明責任を課すことは正当化できる、と論じている。

2. 規範的分析について

効率性の基準で立証責任の分配について論じてきたが、効率性を判断するにあたってどのようなコストを算入するかをめぐっては複数の見解がある。

法に関係するコストとしては、①取引や交渉にかかるコスト、②信頼や注意のコスト、③行為による損害、④紛争解決のためのコスト、⑤強制のためのコストなどが挙げられる[12]。大雑把に言うと、①〜③は実定法、④・⑤は手続法に関連するコストであり、経済分析では分けて論じられる傾向があった。

だが、前述のとおり、実体法の作用は手続法のあり方に依存する。したがって、社会的厚生を考えるときにはこれらをすべて含めた形で議論すべきであろう（少なくとも、どの範囲のコストを算入するか、どうしてその範囲のコストに限定するかは明確にしておくべきである）。

3. 今後の展望

・実証研究の必要性（行動経済学、計量経済学）

実際の訴訟の当事者はどのような目的をもってどのように意思決定を行っているか。実務に対して何らかの提言ができるほどに記述的分析を精緻化するためには、実証研究から得られる知見からのフィードバックを通じてモデルを彫琢していかなければならない。なかでも、理論が成り立つための条件を特定するという作業は不可欠である。

・要件事実論からの示唆

前述のとおり、経済分析はある特定の角度から法的問題に光を当てようとする。規範的分析の内容を人々の納得のいくものにするためには、法律問題に対する判断の構造をより精査する必要がある。要件事実論が提示する判断の構造は、モデルを案出・構築する上でも有用である。

第7 おわりに

経済学的アプローチに違和感を覚える方もいらっしゃるかもしれないので、

12―Eric L. Talley, *Law, Economics, and the Burden(s) of Proof*, in Research Handbook on the Economic Analysis of Tort Law (Jennifer H. Arlen ed., 2013).

以下の点を指摘して締めくくることにしたい。

経済学のみならず社会科学一般のモデルの意義は、現実に存在する雑多な事象から、細かな要素を当面捨象しておく、という点にある。捨象することによってメカニズムをより見やすくし、さらに、捨象することによって捨象された部分をより見やすく浮き上がらせるという効果がある。現実と照らし合わせてみると、実は捨象した部分のほうが重要だった、ということもよくある。

この思考プロセスは要件事実論における議論の構造と類似している。特に、「オープン理論」で言う「オープンになっている部分」[13]は、社会科学のモデルにおいて「とりあえず捨象された部分」と実質的には同じ機能を果たしている。

要件事実論も社会科学も結局のところ一種の「判断」あるいは「認知」なのであり、思考プロセスが類似していても不思議ではない。違った仮定を立てながら（したがって現実に存在する要素を違った角度から捨象しながら）似たような形状の筋道をたどっているのである。

13―伊藤滋夫『要件事実の基礎〔新版〕』260〜263頁。

講演3レジュメ

法の解釈において基礎とされるべきもの
要件事実の決定における実務家の悩み

河村　浩

骨子

　要件事実論（裁判規範としての民法説）においては、要件事実の決定（法の解釈）に際して、制度趣旨、立証困難性、経験則、正義・公平といった観点が重要になる。これらの観点からの社会的事実を具体化して整理すると、①歴史的立法者意思、②紛争の基礎にある社会状況の実態、③一般人の法意識、④正義・公平といった視点からの社会的事実ということになる。これらの①ないし④は、①を基礎として、②ないし④を総合考慮して、「あるべき制度趣旨」を確定し、②に基づき立証困難性を斟酌し、もって、立証困難性も織り込んだ「あるべき制度趣旨」に基づいて最終的に要件事実を決定する思考過程において考慮されることになる。

　上記の各視点に関して、基礎法学との協働の関係でいえば、①につき、法史学が、②及び③につき、法と経済学、法社会学、法と心理学が、④につき、法哲学が、それぞれ問題となろう。

　このような多様な視点を基礎付ける社会的事実を、限られた時間内にどの範囲まで斟酌し、また、誰が提出する、どのような資料で確定し、法を解釈して要件事実を決定すべきか——これが、要件事実を決定するに際しての実務家の悩みである。

　今回のテーマでは、このような問題意識に基づき、できる限り、具体的問題を取り上げて、その問題点を指摘してみたい（今回の検討は、あくまでも問題点の指摘にとどまるものである。）。

上記のような方法論に基づく法の解釈を自覚的に行い、堅牢なものとするためには、実務家としても、法社会学や法哲学等の基礎法学についての絶え間ない研鑽と深い理解が不可欠である。

1 はじめに

(1) 法の解釈と要件事実の決定

法的推論の構造である法的三段論法の大前提である規範的命題の意味を明らかにする作業＝法の解釈を通じて、小前提である要件事実が決定される。

(2) 要件事実の決定の仕方——裁判規範としての民法説

要件事実（立証責任対象事実）は、立証困難性も織り込んだあるべき制度趣旨に基づき立証の公平を考え、民法等の実体法の解釈によって決定される[1]。

(3) トゥールミンの議論の構造・推論規則（warrants）の根拠付け（backing）

法の解釈の基礎とされるべき社会的事実——広い意味での立法事実（法的価値判断の基礎となる社会的事実や法則一般[2]）——は、「推論規則の根拠付け（backing）」に当たる。立法事実は、法的三段論法でいえば、大前提となる規範的命題を基礎付ける社会的事実となる。

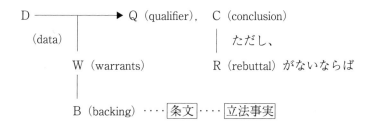

---

1 — 伊藤滋夫『要件事実の基礎〔新版〕——裁判官による法的判断の構造』（有斐閣、2015年）258～259頁参照。
2 — 太田勝造『法律』（東京大学出版会、2000年）129頁。

(4) 立法事実の取扱いに関するルール

このような社会的事実（立法事実）については、判決の基礎とされるべき事実（要件事実）とは異なり、裁判所がどの範囲まで斟酌すべきかについて明確ではなく、また、社会的事実を裏付ける資料の提出につき、必ずしも弁論主義の適用があるわけではなく、その真偽不明の事態に対し、立証責任によって対処することも想定されておらず、その扱いにつき明確なルールは存在しない。このことは、法の解釈は裁判所の専権事項であり、「裁判官は法を知る」といわれてきたためであると思われる。

2 法の解釈──要件事実の決定──において基礎とされるべきもの

(1) 制度趣旨

制度趣旨は、要件事実論の基礎的概念である[3]。歴史的立法者意思を資料で認定して[4]、それを基礎として、あるべき立法者意思（制度趣旨）を確定する必要がある。歴史的立法者意思という場合、制度に関するものと、立証責任に関するものとがあり得る。立証責任に関する立法者意思は、多くの場合、不明であるが、制度に関する立法者意思が不明であることは少ない。しかし、古い時代の立法には、制度に関する歴史的立法者意思自体が明確でないものがある（後記3(2)(エ) 参照）。

(2) 立証困難性

ここでの立証困難性とは、一般的・類型的観点からみた立証困難性を意味する[5]。この立証困難性の有無は、紛争の基礎にある社会状況の実態（取引や事故の社会的実態を含む。）に基づき、要証事実に関する①事実的態様（消極的事実か否か）、②証拠偏在の程度、③調査手段の存否・調査に要するコストを総合考慮して判断されることになるものと解される。

---

3 ─伊藤・前掲注1『要件事実の基礎〔新版〕』230頁。
4 ─歴史的立法者意思の認定資料としては、①法律の目的規定の内容等、②国会及び委員会の会議録、法制審議会の議事録等、③制度の沿革・変遷（その背景にある国民の法意識）、④最高裁判例の内容、⑤起草者、各省庁の立案担当者、法制審議会委員等の著述した文献の記述、⑥下級審判例の実証的分析（判例評釈）が考えられる（拙稿「要件事実論における法律の制度趣旨把握の方法論」伊藤滋夫＝岩﨑政明編著『租税訴訟における要件事実論の展開』（青林書院、2016年）41頁以下参照）。
5 ─伊藤・前掲注1『要件事実の基礎〔新版〕』113～114頁。

(3) 経験則

経験則とは、因果関係に関する法則的命題であり、統計学とも接点をもつ概念である。経験則は、事実認定についてのみならず、法の解釈全般についても、重要な概念であり、前記(2)の立証困難性とも関連する。この経験則には、統計的法則、前記(2)の紛争の基礎にある社会状況の実態や一般人の法意識に関する法則が含まれる。経験則は、評価的要件における評価根拠事実と評価障害事実の振分けの基準にもなり得る（後記 3 (2)（ア）参照）。

(4) 正義・公平

要件事実は、ぎりぎりの最終局面では、法条からは直接の決め手のない利益衡量（価値判断）の問題となる。そして、利益衡量に際しては、利益のバランス、すなわち、正義・公平の観点が重要となる[6]。ただし、この正義・公平を問題とする場面では、紛争の基礎にある社会状況の実態といった一定の社会的事実を前提としない、裸の利益衡量が問題とされているわけではなく、一定の社会的事実を前提とした利益のバランスが問題とされていることに注意が必要である。

(5) (1)ないし(4)を基礎付ける多様な視点──①歴史的立法者意思、②紛争の基礎にある社会状況の実態、③一般人の法意識、④正義・公平という視点──からの社会的事実

前記(1)から(4)の視点をもう少し具体化して整理すると、①歴史的立法者意思、②紛争の基礎にある社会状況の実態、③一般人の法意識、④正義・公平といった視点となるが、法の解釈においては、これらの視点を複眼的に考慮する必要がある。すなわち、前記①ないし④は、①を基礎として、②ないし④を総合考慮して、「あるべき制度趣旨」を確定し、②に基づき立証困難性を斟酌し、もって、立証困難性も織り込んだ「あるべき制度趣旨」に基づいて最終的に要件事実を決定する思考過程において考慮されることになる。

上記の各視点に関して、基礎法学との協働の関係でいえば、①につき、法史学が、②及び③につき、法と経済学、法社会学、法と心理学が、④につき、法哲学が、それぞれ問題となろう。

6─伊藤滋夫編著『要件事実講義』（商事法務、2008年）270頁［伊藤滋夫］。

3 要件事実の決定における実務家の悩み

(1) 内容

前記2(5)の多様な視点を基礎付ける社会的事実を、限られた時間内にどの範囲まで斟酌し、また、誰が提出する、どのような資料で確定し、法を解釈して要件事実を決定すべきか——これが、要件事実を決定するに際しての実務家の悩みである。このような悩みが生ずるのは、前記1(4)のとおり、立法事実の取扱いに関するルールが明確ではないためである。

(2) 具体的問題

以下は、個々の法律や要件事実の解釈問題につき、実務家として、これまで経験した具体的問題を取り上げ、その解釈上問題となる多様な視点を指摘し、その悩みの一端を開陳するものである。ただし、これは、あくまでも法の解釈上の問題点を指摘するにとどまり、個々の論点に関する解釈論的帰結や当該立法事実の弁論における手続的規律に関して、自らの回答（考え）を提示するものではない。

【不動産取引に関する請求】

（ア）民法94条2項類推適用における本人の帰責性の程度（最判平15・6・13裁判集民事210号143頁〔本人の帰責性否定〕、最判平18・2・23民集60巻2号546頁〔本人の帰責性肯定〕）

> これは、要件事実論としては、本人（不動産の元所有者）から第三者（現在の所有権移転登記の登記名義人）への所有権移転登記抹消登記手続請求に対し、第三者から、民法94条2項類推適用の抗弁（所有権喪失の抗弁）が主張され、本人の帰責性が、第三者の抗弁の一部（評価根拠事実）として、また、本人からの再抗弁（評価障害事実）として問題となる場合、どのような事実が本人の帰責性にとって重要性をもつのか？ という問題である。

〔紛争の基礎にある社会状況（取引）の実態という視点〕

不動産取引において、登記済証、白紙委任状、印鑑登録証明書（以下「重要

書類」という。）の交付は、どのような意味をもつか？　また、本人に、不動産取引の経験がないという本人の属性はどのような意味をもつか？[7]

〔一般人の法意識という視点〕

不動産取引を行う、あるいは、行う可能性のある一般人は、重要書類の交付や不動産取引を過去に行ったことがないという属性を本人の帰責性を考える上でどのように考えるのか？

〔正義・公平の視点〕

ここでは、本人と第三者とで１つの不動産の所有権をめぐってこれを取り合っている関係にあるから、分配的正義が問題となる（間に入った者は所在不明か、無資力であることが多いので、その回収不能のリスクの分配の問題ともいえる。）。特に、第三者として数次の転得者が登場している場合（例えば、土地の売買で、土地を買い受けた第三者が、さらに、土地上に建売住宅を建設し、一般人に売却し、銀行が当該土地建物に第一抵当権を設定し、さらに、土地建物の所有者が変更され、後順位抵当権が設定されているような場合等）、どのように考えるべきか？

【契約に基づく履行請求】

（イ）準消費貸借契約における旧債務の主張立証責任（最判昭43・2・16民集22巻2号217頁〔いわゆる被告説に立つ〕）

> これは、要件事実論としては、旧債務の発生原因事実を原告が主張立証すべきか？（原告説）、それとも、旧債務の不存在（旧債務の不発生又は消滅）に係る事実を被告が主張立証すべか？（被告説）という問題である。

〔歴史的立法者意思の視点〕

旧債務の立証責任に関して、現行民法の起草者によって議論がされた形跡はうかがわれない。また、今般の改正民法588条が、現行民法588条の「消費貸借によらないで」という文言削除の改正にとどまっており、法制審議会の議事録、

7―この問題を「法と経済学」的にいえば、本人の不動産の流出防止・取戻しのコストと、第三者の不動産取得における調査コストのいずれの方が高くなるのか？（最安価費用回避者は誰か？）という問題だということもできる。

部会資料等の立法資料を精査しても、旧債務の立証責任の所在について議論がされた形跡はうかがわれない。したがって、旧債務の立証責任に関する歴史的立法者意思は不明である。

〔紛争の基礎にある社会状況（取引）の実態という視点〕

旧債務の内容を原告（貸主）において、立証することは、準消費貸借契約においては、旧債務に係る証書は被告（借主）に返還ないし破棄するのが通常であるので、一般的にみて困難である（したがって、被告が旧債務の内容を立証すべきである）といわれることがあるが[8]、果たして、取引の実態として正しいのか？[9]

〔正義・公平の視点〕

上記の取引の実態とも関係するが、旧債務の内容（及び帰趨）を、被告（借主）に立証を求めることが、正義・公平に適うといえるのか？（一種の分配的正義の問題）

（ウ）いわゆる製作物供給契約（非典型契約）において、製作物の注文者が、製作物の引渡（完成）未了を理由に契約を解除する場合、自己の代金（報酬）支払債務の弁済の提供が必要か？（東京高判平28・1・28・平成27年（ネ）第4440号〔公刊物未登載〕）

> これは、要件事実論としては、解除の要件事実として、解除権者の負う代金（報酬）支払債務に対して相手方がもつ可能性のある同時履行の抗弁権の存在効を消滅させる必要があるか？　という問題（冒頭規定の適用の前提として、製作物供給契約の性質決定をし、そのことを基礎として、再々抗弁である弁済の提供の解除の抗弁へのせり上がりの要否の問題）である。

8―賀集唱「準消費貸借における旧債務成否の主張・立証責任」宮川種一郎＝賀集唱編『民事実務ノート　第1巻』（判例タイムズ社、1968年）113頁以下。
9―この点、梅本吉彦「準消費貸借における実体法と手続法の交錯」専修法学論集130号（2017年）335頁は、「証書を書き替えたときは、旧証書を破棄してしまうという指摘があるが、それは極めて疑問である。……常識的な社会通念に照らすと、その債権債務関係に関する一切の文書は保存しておくのであり、このことは企業間取引であれ個人と企業間、あるいは個人と個人の取引であっても、変わることはない。」と指摘され、同様の点は、同論文346～347頁でも指摘されている。

〔紛争の基礎にある社会状況（取引）の実態という視点〕

製作物供給契約の取引の実態はどのようなものか？　これは、製作物供給契約の性質決定の前提問題となる。製作物供給契約を請負と売買の混合契約と解すれば、目的物の完成前は、請負の、完成後は売買の、それぞれ規律を受けることになる。

〔正義・公平の視点〕

製作物供給契約を売買と捉えれば、売買代金債務の弁済の提供を要するとも解されるが、それを請負と売買の混合契約と捉えれば、仕事の完成が未了のうちは、仕事の完成が先履行であるから、注文主に売買代金（報酬）債務に係る弁済の提供を不要と解しても、正義に反しないといえる（一種の交換的正義の問題）。

【法定債権に基づく履行請求】

（エ）質屋営業法36条の質契約の利息について、利息制限法の適用があるか？（最近のものとして、名古屋高判平23・8・25〔判例秘書［判例番号］L06620753〕、原審：①名古屋地判平23・3・24〔判例秘書［判例番号］L06650878〕、②静岡地沼津支判平22・3・4〔判例秘書［判例番号］L06550919〕等）

> これは、要件事実論としては、原告（借主）のこれまでの金銭消費貸借取引を利息制限法で引き直して計算した結果、過払金が発生しているという請求原因に対し、その取引が質屋における取引に基づくものであること（利息制限法の適用がないこと）が抗弁になるのか？　という問題である（ただし、この問題は、実際には、質屋における取引及び弁済（流質処分による質物の評価及び充当額等）が請求原因において、不可避的に出てしまうため、請求原因が主張自体失当になるかという形で現れる[10]）。

10―したがって、本文の問題は、債権者が、過払金返還請求権を被保全権利として仮差押命令の申立てをした場合には、被保全権利の疎明（民保法13条2項）の問題として現れる（高等裁判所には、仮差押命令申立却下決定に対する即時抗告事件（民保法19条1項）として係属することが多い。）。

〔歴史的立法者意思の視点〕

　前記①の名古屋地判平23・3・24は、昭和29年の法改正（昭和29年法律第196号）で質屋営業法に追加された質屋営業法36条（質取引の利息を年109.5％に制限）は、その国会審議の過程において、政府委員の説明では、利息制限法（平成18年法律第115号による改正前の利息制限法。以下同じ。）1条1項の適用がないことを前提とした説明をしているとし、立案担当者の意思を前提として歴史的立法者意思を確定し、質屋営業法36条には利息制限法の適用がないとした。

　前記②の静岡地沼津支判平22・3・4は、政府委員の答弁は、利息制限法の適用を排除する趣旨であったか疑問であるとし、歴史的立法者意思の認定につき、①の裁判例とは異なる判断をしつつ、質屋営業法36条は、利息制限法の適用を前提としつつも、同法違反の利息の支払でも任意に支払った場合には、これを有効と扱うという趣旨であったとして、結局、質取引においては、過払金返還請求権は発生しないとした。

　いずれにせよ、質屋営業法36条の追加は、昭和29年という今から63年前の法改正であるので、制度に関する歴史的立法者意思に関する資料に乏しく、その認定に困難を伴う。

〔紛争の基礎にある社会状況（取引）の実態という視点〕

　質取引が庶民金融において果たしている社会的機能・実態という視点である。質取引において、過払金が発生するとすれば、質屋の営業は立ちゆかなくなる可能性があるが、その点をどのように考えるか？　現代社会における質屋の機能はどのようなものか？

〔正義・公平の視点〕

　質取引において、過払金が発生しないとすると、過払金が発生すると解されている消費者金融における借入れとどこが違うのか？（一種の形式的正義（平等）の問題）

　（オ）逸失利益の所得の平均値による算定（最判昭39・6・24民集18巻5号874頁〔損害の蓋然性に疑いがあるときは、控え目な算定方法によるべきとする〕）

> これは、要件事実論としては、損害額について、被害者の実収入額に即した損害額と、賃金センサス等の統計的データによる平均値に基づく損害

額とが等価値として扱われるのか？　という問題である。

〔紛争の基礎にある社会状況（事故）の実態という視点〕
　被害者が不法行為に遭遇することは、偶発的なものであるから、普段から自己防衛的に証拠を保存しておくことを期待し得ないし、不法行為に遭遇した時点で、たまたま無職であったり、収入が少ない状況であったりすることはある。

〔一般人の法意識という視点〕
　所得の平均値は、所得の分布の代表値として正確か？（所得の分布は、通常、正規分布とはならない。）そのような統計的事実を前提として、一般人の法意識として、被害者が、自己の不法行為以前の実収入の資料を出さないで、統計的データとしての平均値を用いて計算することを認めることは、損害額の計算として妥当であると感じるか？

〔正義・公平の視点〕
　平等原則の下では、平均値（あるいは、所得の代表値）により計算された損害は、被害者に最低限保障されるべき性質のものという視点[11]
　cf　ジョン・ロールズの基本財の保障を想起させる。

　（カ）売買の目的物である新築建物に建て替えざるを得ない重大な瑕疵がある場合、買主からの施工業者に対する損害賠償請求（民法709条）において、買主の建物使用利益を損益相殺として控除し得るか？（最判平22・6・17民集64巻4号1197頁〔損益相殺否定〕）

　これは、要件事実論としては、施工業者の損益相殺の抗弁が、民法709条の解釈として主張自体失当になるか？　という問題である。

　cf　このほか、建物を建て替えた場合の新築になったことによる経済価値の上昇、耐用年数の延長という経済的利益の控除も問題とされており、前掲最判平22・6・17は、この利益の控除も否定した。以下では、建物使用利益のみを検討の対象とする。

11―潮見佳男『基本講義　債権各論Ⅱ　不法行為法〔第2版増補版〕』（新世社、2016年）66頁参照。

前掲最判平22・6・17の判断が出る前には、下級審の判断は分かれていた。

〔紛争の基礎にある社会状況（取引）の実態という視点〕

一般人は、新築建物の注文や建売住宅の購入においてどのような取引形態をとるのが一般的かという視点である。通常は、ローンを組んで新築建物を取得するとなると、別に建物を借りると、その賃料とローンの返済との二重の経済的負担となる。

〔一般人の法意識という視点〕

取り壊さざるを得ない建物でも、移転先の建物の賃料を支出しないで使用し続ける場合、被害者は、一定の使用利益を受けているとして、被害者の損害額からその使用利益を控除しないと、一般人の法意識に反するか？　このことは、当該瑕疵ある建物が、営業用店舗と居住用建物とで異なる点はあるか？

〔正義・公平の視点〕

不法行為の制度趣旨である矯正的正義の回復という点に照らして、被害者の使用利益を控除すべきか？　他方、これを控除しなければ、加害者との間の損害の公平な分担（分配的正義）の要求に反するか？　紛争が長引けば、建替費用から多額の使用利益が控除されて、被害者において、建替費用すら捻出ができない事態になりかねないが、そのような事態は、被害者保護に反しないか？また、使用利益の控除は、不当な施工業者を利する事態を発生させないか？（前掲最判平22・6・17の宮川裁判官の補足意見参照）ここでは、被害者保護と損害の公平な分担の要求とがトレードオフの関係に立っている。

4　おわりに

実務家は、基礎法学を意識すると否とにかかわりなく、基礎法学的視点に遡って実質的な根拠を検討し、法の解釈によって要件事実を決定している。このような法の解釈を自覚的に行い、堅牢なものとするためには、実務家としても、法社会学や法哲学等の基礎法学についての絶え間ない研鑽と深い理解が不可欠である[12]。

今回のテーマは、要件事実の決定問題における一実務家としての悩みを開陳して、実務の営みの一端をご紹介し、法の解釈において基礎とされるべきものについて問題提起を行ったものにすぎない。このような内容でも、今後の要件

事実論と基礎法学との協働において、いささかでも資する点があるのであれば、誠に幸いである。

12―法の解釈と基礎法学との関係につき、伊藤滋夫教授は、早くからその協働の重要性を指摘され（伊藤滋夫「基礎法学への期待――民事法研究者の立場から」『法曹養成実務入門講座別巻　基礎法学と実定法学の協働』（信山社、2005年）93頁以下参照）、近著（伊藤滋夫『民事法学入門――法学の基礎から民事実務までの道しるべ』（有斐閣、2012年））でも、その第5章（同書178頁以下）において、上記の視点につき、具体例を挙げて詳しく説明されている。要件事実論も、民法（実体法）の解釈の問題である以上、基礎法学との協働が重要であるが、伊藤滋夫教授は、その体系的理論書である、伊藤・前掲注1『要件事実の基礎〔新版〕』の「おわりに」（同書390頁）において、その重要性を指摘されている。本報告者は、このような伊藤滋夫教授のお考えに賛成するものであり、同教授のこれらの著作から大きな影響を受けていることを最後に述べておきたい。

コメント

陶久　利彦

渡辺　千原

コメント1

陶久利彦

1 主報告の視点

　私は本講演会の趣旨を、要件事実の決定とその立証責任分配問題とに直面する裁判官に対し、基礎法学がどのような役割を果たしうるのか、という問いかけにあると理解する。そこで本コメントは、まずは河村報告にこの問いを確認し、次いでそれに応答する試みとして飯田報告を理解し、最後に若干異なった視点から議論を展開する吉良報告に触れる。

2 河村報告

　さて立証責任分配問題に焦点を当てる河村によれば、この問題を解決するには、(1)歴史的立法者意思による制度趣旨の確定から始まり、(2)紛争の基礎にある社会状況の実態と、(3)一般人の法意識を含む経験則とを一部交錯させながら、ぎりぎりの最終局面では(4)利益衡量の中身としての正義・公平という理念へと、順に手がかりを求めていくほかない。私見によれば、これらの手がかり（＝基準）は次の三つの特徴をもつ。一つは、複数の基準相互の関係が必ずしも明確ではないことである。二つは、法体系内部に基準が求められていないということである。そして三つには、将来の帰結への視線がないことである。第2点については、法解釈のカノンとして通常挙げられるものとの比較で言えば、河村の考える「法の解釈」が欠缺補充と同一の性質をもつことを示唆する。第3点については、法的解決の具体的妥当性にあって帰結主義的考慮は一部働くものの、法解釈を左右する基準とみなすかどうかについて実務は消極に解しているということだろうか。

　これらの立証責任分配基準は、河村が挙げる具体的判決例ごとに若干異なっているばかりか、いずれに訴えても一義的に明確な解答は得られない。では、どうすればいいのだろうか。大雑把に言えば、三つの道がある。

①具体例はすべてかなり例外的な難しい事案なのだから、それ以外の多くについては上記の基準は有効である。それ故、これらすべてをより詳しく検討することによって、現時点では解決困難な事例についてもいずれはそれを克服する道が開けるはずである。河村の試みがその探索途上にある一方、飯田報告を正義・公平の具体化の一試みと捉えるならば、それらはこのアプローチ上にある。
②別の基準を探すことも考えられる。飯田報告が「法と経済学」の手法を立証責任分配問題解決の最有力あるいはほぼ唯一の基準として強く推奨するならば、この方向性に近くなる。
③基準への期待を過大とみなし、基準とは別のものに目を向ける。後述の私のコメントは、どちらかといえばこの方向に傾く。

3　飯田報告

これに対して飯田は「法と経済学」の手法を用いることによって、立証責任分配にあって考慮される上記(1)～(4)に異なった光を当て、あるいは別の基準を提案しようとする。すなわち飯田は、立証責任を原告・被告どちらに分配すれば将来的に人々がどのような行動をとるであろうかと問い、その未来の事態を予測し、さらにはそこから望ましいルールを考案する。そこでは、合理的人間が行動主体として想定され、「訴訟又は社会全体のコストの最小化」が目指される。全体として、ルール功利主義的発想といってよい。

ところで、両者の視線を特徴付けるため、法体系全体とその外部に広がる環境との関係を縦軸にして、法体系に関連する理念と現実をその両極に据えてみよう。横軸には、法体系を貫く形式的条件の一つである時間を置いてみる（次頁の図参照）。

飯田のモデルは明快であり、立証責任分配の決定にとっても有益と思われるが、以下のような疑問をもつ（ただし、飯田自身も検討課題として認めている）。
①飯田・第4の2．(2)によれば、望ましい立証責任分配ルールが一見すると「直感」（＝なんとなくよさそうに見える）に反する結論に至る、とされる。

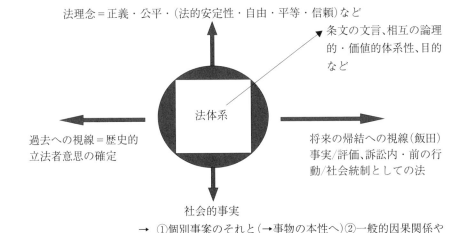

直ぐ後の３．で不法行為の例を取ってこの反直感的結論が正当化されているが、そうするとここでの直感とはどのような働きなのだろうか。

②第６の１．(2)として指摘されていることに関して言えば、企業法務部関係者などを除き、一般の人々が立証責任に関するルールを意識していることはほどんどないだろう。とすると、立証責任分配ルールが合理的選択をする人々の一次的行動コントロールに資するという想定自体が崩れてしまう可能性は、大である。他方、専門法曹は別である。そうであるならば、経済学的手法は訴訟にあって弁護人によって主張されるか、もしくは裁判官が判決を下そうとするときに帰結主義的配慮の一つとして考慮されるかのいずれかになろう。そのような理解でいいのだろうか。

③訴訟コストの最小化を、合理的行動を導く評価基準とするならば、裁判外紛争解決の方がコストパフォーマンスは高い場合もある。しかしそれでも訴訟を起こす原告の行動には、被告との紛争によって自分が相手から正当に取り扱われておらず、自尊心が著しく侵害されたという心理的要因が大きく作用する。あるいは、自分のような人に対する世間の注目を集め、一石を投じたいとの思いもあるだろう。合理的人間モデルとこのような心理的要因とをどのように調和させていくのだろうか。

4　要件事実論への基礎法学の寄与

　ここで、実務上の難問に直面する河村報告に今一度立ち返り、そこから触発される基礎法学の役割に言及したい。

　そもそも立証責任の分配について迷いに迷う究極の判断にあってこそ、基礎法学への期待が語られる。しかし、基礎法学はそのような深刻な場面に直面する裁判官に対して、一義的回答を与えることができない。基礎法学（あるいは法哲学）のなしうることは、もっとささやかである。

①基礎法学は、要件事実論の議論の土台について距離を置いた認識を示そうとする。吉良報告はその好個の例である。すなわち、原理的で抽象的な考察を通じて法的諸問題の根本を問いかけ、場合によっては規範的原理を提案することによって裁判官の選択可能性の幅をできる限り狭めようと努める。しかし、「今・ここ」での明確な基準を打ち立てることは困難である。最終的には一定の裁量の枠内で、裁判官がいわば実存的決断をするほかない。

②裁判官の実存的判断は、価値への帰依といった大仰なものではなく、おそらくは職業人としてもつ「勘」や「直感」、あるいは事案に対する法感覚に依存する。とりわけ事物相互の類似性を判断する類推思考は、河村報告が5頁中央部分（本書128頁（ウ））で言及する具体例のように、法発見全般にあって常に底流として働き、合理的基準が力尽きて裁判官の裁量を語らざるを得ないときようやく表に出てくる。それはおそらく、四六時中モノに触ることによってそのモノの性質とか時々の状態の変化などを膚や指先で感じ、修練を重ねる職人と同様の感覚である。これは、専ら判決文という文字情報によってしか事案に接することができない研究者とは根本的に異なった、実務家の大きな武器である。

③そしてまた、「今・ここ」という限定を超えて中長期的かつ外的視点から法発見過程を観察することが許されるならば、そのような「今・ここ」での実存的判断は trial and error の一エピソードとして位置づけられる。判例法は、全体としてそのようにして形成されていくというほかないように思われる。

さて、要件事実論が前提にする存在論を問いかける吉良報告について、若干のコメントを最後に述べておきたい。

当初、吉良報告では分配的正義論の展開がなされるのではないかと期待していたが、どうもそのような予期とは報告内容は異なっていた。改めて存在論について考える契機を与えてくれた点では感謝したいが、いくつか理解に困難を覚えるところがある。

①吉良報告に含まれる諸概念の意味は必ずしも明確ではなく、私には吉良の意図や主張の射程が十分には把握しきれなかった。例えば、「現在」とは「一瞬」といってよいのだろうか。その一瞬とは、無限に分割され極限化された時間単位のことなのだろうか。しかし、そのような瞬間は余りに観念的であり、人間の意識や心理、情動、行動などにとっては大きな意味をもたない。法的に語られる時間は、社会的もしくは法的な意味的連関性をもつ事実のまとまり、つまり「事態」全体に通底する「幅をもった時間」であろう。とすれば、「現在」の中に、過去の記憶や将来への予見も含まれることになるのだろうか。

②吉良は「実在」という言葉で何を表わそうとするのだろうか。存在論は、「ある」という言葉で示されるものへの根本的疑問から発するだろうが、吉良報告３頁2.1（本書99頁）ではその立場の違いが概略示されているだけであり、それぞれの含意や相違が判然としない。例えば、「この世界は一瞬ごとにまるごと現れる」という表現で示されていることは、禅問答の考案に悩む僧が一挙に悟りを開いた瞬間を表現しているかのように解される一方、現れないものを「まるごと」の範囲外に置こうとする世界観の提案とも読める。

③総じて、吉良の世界観がとりわけ要件事実論への寄与という観点からどのような意義をもつのか、よくわからない。確かに要件事実論の位置づけを試みているものの、しかし、吉良の見解でなくても同様のことを要件事実論に関して指摘できるのではないだろうか。議論が認識論や存在論といった根本的次元に移れば移るほど、法という枠さえ超えていく。そのような議論が法哲学的意義を有していることに疑いはないが、果たして今回の講演会にとってどれほどの意義をもつかは今後の展開を見るほかない。

コメント2

渡辺千原

　要件事実論は、実体法の解釈の範囲の中に、立証責任の配分という要素が加わり、それがもたらす訴訟内外での公平、正義実現を構想した法理論という意味がある、という大まかな理解に立った上で、以下、法社会学者のはしくれという立場から、簡単にコメントを述べたい。

　要件事実と基礎法学については、要件事実論に基礎法学がいかに寄与しうるか、という観点が中心となるが、コメンテーターとしては、要件事実論に立つ法実務を法社会学的に分析するということにも関心がある。

　もっとも、基礎法学といっても、法哲学と法社会学ではまた視点が異なるし、法社会学は、それ以上に、その学問領域の外延も問題意識も方法論もばらつき（あるいは偏り）がある。法社会学がこのように寄与できる、あるいは協働できると一般的にいうことは困難である。例えば、以前の企画において、法社会学研究者としてご活躍されてきた松村良之先生が「法と心理学」、今回、飯田先生が「法と経済学」から要件事実論の理解やそれに対する寄与の可能性を論じられたのも、そうした事情を反映している。

　さて、法社会学の概念法学批判としての出自に立ち戻って考えると、日本の法社会学の黎明期に積極的に取り組まれた「生ける法」研究やその考え方は、要件事実論に対してかなり直接的な寄与をなしうるだろう。法社会学の創始者の一人とも言えるオイゲン・エールリッヒは、国家法に対して、社会において妥当している「生ける法」を、裁判での判断を通じて示される「法曹法」として吸い上げ、それを国家法へと昇華させるという考え方を示したが、要件事実論を組み立てていくに当たっては、生ける法を法曹法にくみ上げていくという作業も含むのではないだろうか。例えば、特定の契約類型に関するトラブルを裁判で扱う場合、契約締結や履行等の具体的行為の社会的実態についての情報は、要件事実の切り取り方・立証責任の配分を決める際に参考になる情報とな

ろう。

　河村報告にある基礎法学的な思考の必要性という際の一部は、そうした発想によるものと思われる。河村報告で「基礎法学的な視点に立った実質的な根拠」の探求のうち、特に法社会学的視点という場合には、河村の言う「経験則」が特に、生ける法に類比されよう。(5)（本書125頁）のうち②紛争の基礎にある社会状況の実態や、③一般人の法意識に関する知識については、広い意味では生ける法と言えるかもしれないが、それらに対するアプローチという点では、現代的には、心理学や経済学、その他様々な社会調査方法論等が応用可能だろう。

　河村報告は、実務家として要件事実論に対して内的視点に立ち、そこから基礎法学の役割を描いている。裁判官という仕事やその判断構造がいかなるものか（いかにあるべきかも要件事実論の一部だろう）に関心のあるコメンテーターとしては、裁判官が基礎法学をどう描いているかということ自体、大変興味深い。率直に言えば、河村報告にある基礎法学的視点と、実際の基礎法学者による研究には隔絶があり、われわれの研究は、法実務の期待に十分応えてきていないと感じられる。河村報告にある具体的な事件の処理における思考過程の紹介は、そうした研究のための手がかりや貴重な資料を提示してくれており、今後こうした共同研究を進めていくことは大変有益ではないかと考える。また、河村報告では立証責任の配分も含めて実定法の解釈のほうから、要件事実の確定問題を論じている。

　それに対して、「基礎法学」研究者である飯田・吉良は、外的視点に立って、要件事実論の意味を問うが、両者とも、立証責任の配分という手続法ないし証拠理論としての要件事実論の機能に着目している。この点について、これまで法哲学にせよ法社会学にせよ、基礎法学は、基本的には実体法の解釈を中心に、法解釈のあり方を論じてきていた。よって、手続法や証拠理論に対して挑むという点で、基礎法学の立場からは新たな研究領域を切り開く研究と評価できる。

　そのうち、飯田が示したのは、広い意味では法の学際研究という意味で法社会学のカテゴリーであった「法と経済学」からのアプローチとなる。要件事実論が、訴訟内での原告＝被告の攻防において、より効率的・公平な形での証拠提出や主張を促すよう動機づける機能を有することに着目しつつ、要件事実論

が、実定法の解釈論としての意味をもつことから、訴訟の外で一次ルールとしても同様の効率的な遵守を促しうるかも視野に入れる。

　これは、事後的な裁定規範の事前の行為規範への転化可能性という問いでもある。ただ、立証責任の配分自体が、行為規範に直ちに影響を及ぼしうるのか、及ぼすことが妥当なのかについて別途検討を要する課題だろう。また、一次ルールへの影響は、訴訟コストを含んだ行動への影響を考えることを想定した議論のようだが、訴訟提起が控えられる傾向にある日本社会において、その影響力は限定的だろう。

　他方、吉良は、要件事実論そのものの特性よりも、この理論をより広く訴訟理論として位置づけ、裁判が、現在利用可能な証拠に基づいて、過去に生起した出来事について現在の観点から構築・評価していくという構造をもつことについての存在論や認識論を探ろうとする議論と言えよう。

　吉良は証拠に着目し、証拠が過去―未来を現在において結ぶという機能をもつことを現在主義に立って示し、そこに要件事実論の意義も見いだす。ただ、これは訴訟という限られた時空を組み立てる場合において特に妥当するとしても、これがその外の世界にも妥当するとした場合、その外部との結節点をいかに構想するかが、さらに問われるのではなかろうか。

　証拠理論については、アメリカでは1980年代ころより、いわゆる「新証拠学派」が登場し、経済学・統計学・心理学などの社会科学等を用いてあるべき証拠法を論じていくという流れが生まれている。飯田報告も、そうした流れをくむ研究を参考にした報告だと思われるが、そうしたアメリカ等で蓄積されてきた研究業績をひもとくことも、要件事実論へのアプローチを豊富化することにつながるかもしれない。そうした研究のうち、証拠の評価・事実認定という文脈ではあるが、証拠の証拠価値を一つ一つ確率的に評価して、それを積み上げて証拠価値、またそれらを積み上げて事実認定を行うという考え方（確率論ベース・個別評価型）と、多くの証拠を全体として評価し、事実についてはストーリー構築をして全体としての説明の優劣で強化する全体説明型（ストーリー・モデル）の考え方があり、（特に陪審の事実認定という文脈では）記述理論としてはストーリー型のほうが優れているとも言われる。そうしたストーリー型の構造を、法と経済学のほうで取り込んだ研究もあるのかも興味がある。

そして、目指すべき裁判のあり方としても、法的争点を絞り込んで、そこに焦点を当てた選択・集中型の考え方と、あまり絞り込まずに背景的事情や感情的要素、多様なニーズ等も含めた拡張型・総合型の考え方があるが、日本では、最高裁のテミス像が目隠しをしていないことに象徴されるように、何でも見通せる千里眼を求めている。すなわち、理想としては拡張・総合型が目指されてきたのではないだろうか。

その点から少し検討すると、要件事実論は、実体法と手続法を接合し、実体法の解釈を反映した、主張立証の負担の公平適正な配分を実現するためのしくみであるが、おそらく社会的平面において無限の連鎖や広がりのある問題の中から、法的に必要な要件に関する部分を切り取り、争点に焦点を絞った審理を実現するという、選択・集中型の考え方に基づくと思われる。これは、90年代に実務・学説でも進められた、五月雨式審理を脱して争点中心型の審理を目指す審理の充実促進という民事司法の流れにも合致する方法論でもあったと思われる。

他方、90年代の官僚司法批判の焦点の一つにも、この要件事実論があった。司法研修所での要件事実教育は、技術的機械的に争点を絞り込む訓練に終始し、自分の頭でものを考えず、社会に生起する新たな問題や当事者の背景的事情等から必要な規範を引きだそうという意識が裁判官に生まれなくなるという批判が主たる内容だったと記憶している。

河村報告の言う悩みというのは、そのような批判を要件事実の枠組みの中でどう受け止めるかということでもあるように感じられた。つまり、いわゆる法的争点を抽出する際に抜け落ちる事実をどう受け止めるかということ、それから法を支える事実＝法的事実ないし立法事実をどう顕出するかについて要件事実論が何らかの指針を示すものなのかということだろう。河村報告からは、裁判において要件事実を特定し、立証責任を配分していく際に裁判官には一定の裁量があり、その裁量の範囲の中で実質的な根拠を探求するという営みが行われることを知り、上の批判が必ずしも妥当するわけではないことを理解できた。その際に、基礎法学的な視点が必要となるということだが、特に「社会的事実」ないし、より規範的な「社会通念」とも言える要素について、裁判官がどのように顕出していくのかを逆に、伺ってみたい。また、要件事実論的発想は、

検討すべき要素を絞って、その点に集中して審理を行うことを促進するため、証拠としても必要な証拠を特定していく発想（個別評価型）に近づくと思われるが、比較的融通無碍にどんな証拠でも受け入れ、それを全体として物語を構築しながら総合的に妥当な事実認定を行っていくという日本の裁判のひとつのモデル（全体説明型）と、対置される部分もあるのではないだろうか。こうした理解が筋違いでなければ、全体説明型を理想とする日本の法実務の形の中での要件事実論の意義を問い直してみたい。

　最後に、先ほど裁定事実の行為規範への転化ということも言及したが、要件事実の設定も含め、裁判には裁判外に向けても新たな法創造を行っていくという機能をもつことに鑑みると、要件事実論は、そうした裁判を通じた法創造という裁判の機能に対してはどのような立ち位置の議論ということになるのだろうか、ということも今後考えてみたい。

要件事実論・事実認定論
関連文献

山﨑　敏彦

永井　洋士

要件事実論・事実認定論関連文献　2017年版

　　　　　　　　　　　　　　　　　　　　　　　　　山﨑敏彦
　　　　　　　　　　　　　　　　　　　　　　　　　永井洋士

　この文献一覧は、要件事実論・事実認定論を扱っている文献を、これまでと同様に、大きく、要件事実論に関するもの（Ⅰ）、事実認定論に関するもの（Ⅱ）（(1)民事、(2)刑事、(3)その他）に分けて、著者五十音順・発行順に整理したものである。収録対象は、ほぼ2016年末から2017年末までに公にされた文献である。関連文献の取捨・整理における誤り、重要文献の欠落など不都合がありはしないかをおそれるが、ご教示、ご叱正を賜りよりよきものにしてゆきたいと考える。

Ⅰ　要件事実論

赤松耕治
　「著作権侵害における『本質的特徴の直接感得性』の意義に関する一考察」慶應法学38号51頁以下（2017年9月）

伊藤滋夫 編
　『債権法改正法案と要件事実［法科大学院要件事実教育研究所報第15号］』（日本評論社、2017年3月）

伊藤滋夫
　「要件事実・事実認定論の根本的課題──その原点から将来まで（第10回）『事実と評価』の問題を考える視点：要件事実・事実認定論における『事実と評価』の問題の一環として」ビジネス法務17巻3号135頁以下（2017年3月）

伊藤滋夫

「要件事実・事実認定論の根本的課題──その原点から将来まで（第11回）事柄の性質に応じた判断の重要性：要件事実・事実認定論における『事実と評価』の問題の一環として」ビジネス法務17巻5号144頁以下（2017年5月）

伊藤滋夫

「要件事実・事実認定論の根本的課題──その原点から将来まで（第12回）評価的要件における判断の構造①：要件事実・事実認定論における『事実と評価』の問題の一環として」ビジネス法務17巻7号148頁以下（2017年7月）

伊藤滋夫

「要件事実・事実認定論の根本的課題──その原点から将来まで（第13回）評価的要件における判断の構造②：要件事実・事実認定論における『事実と評価』の問題の一環として」ビジネス法務17巻9号130頁以下（2017年9月）

伊藤滋夫

「要件事実・事実認定論の根本的課題──その原点から将来まで（第14回）要件事実論から見た新民法（債権関係）の概要：新民法（債権関係）における要件事実の若干の問題」ビジネス法務17巻11号152頁以下（2017年11月）

伊藤滋夫

「要件事実・事実認定論の根本的課題──その原点から将来まで（第15回）民法総則における幾つかの問題①」ビジネス法務18巻1号144頁以下（2018年1月）

伊藤滋夫 編著

『新民法（債権関係）の要件事実Ⅰ』（青林書院、2017年12月）

伊藤滋夫 編著

『新民法（債権関係）の要件事実Ⅱ』（青林書院、2017年12月）

岩井俊

『人事訴訟の要件事実と手続――訴訟類型別にみる当事者適格から請求原因・抗弁まで』（日本加除出版、2017年6月）

大江忠

『要件事実民法(5)-1　契約Ⅰ〔第4版〕』（第一法規、2017年2月）

大江忠

『要件事実民法(5)-2　契約Ⅱ〔第4版〕』（第一法規、2017年2月）

岡口基一

『要件事実マニュアル　第3巻　商事・手形・執行・破産・保険・金融・知的財産〔第5版〕』（ぎょうせい、2017年4月）

岡口基一

『要件事実マニュアル　第4巻　過払金・消費者保護・行政・労働〔第5版〕』（ぎょうせい、2017年6月）

岡口基一

『要件事実マニュアル　第5巻　家事事件・人事訴訟〔第5版〕』（ぎょうせい、2017年6月）

小賀野晶一・松嶋隆弘 編著

『民法（債権法）改正の概要と要件事実』（三協法規出版、2017年8月）

鹿野菜穂子

「コメント1」伊藤滋夫編『債権法改正法案と要件事実［法科大学院要件事実教育研究所報第15号］』40頁以下（日本評論社、2017年3月）

鹿野菜穂子

「コメント1　レジュメ」伊藤滋夫編『債権法改正法案と要件事実［法科大学院要件事実教育研究所報第15号］』124頁以下（日本評論社、2017年3月）

河野順一
『社会保険労務士のための要件事実入門』（日本評論社、2017年2月）

河野泰義
「『訴訟実務の基礎（民事）』を担当して：『要件事実教育』の一コマ」白鷗大学法科大学院紀要10号107頁以下（2017年3月）

河村浩・中島克巳
『要件事実・事実認定ハンドブック〔第2版〕』（日本評論社、2017年9月）

酒井克彦
『クローズアップ課税要件事実論——要件事実と主張・立証責任を理解する〔第4版改訂増補版〕』（財経詳報社、2017年9月）

高須順一
「〔講演2〕債権法改正と訴訟実務」伊藤滋夫編『債権法改正法案と要件事実［法科大学院要件事実教育研究所報第15号］』46頁以下（日本評論社、2017年3月）

高須順一
「講演2　レジュメ」伊藤滋夫編『債権法改正法案と要件事実［法科大学院要件事実教育研究所報第15号］』108頁以下（日本評論社、2017年3月）

鶴田滋
「既判力の失権効と要件事実——口頭弁論終結後の承継人への既判力拡張・補論」加藤哲夫・本間靖規・髙田昌宏編『現代民事手続の法理——上野泰男先生古稀祝賀論文集』353頁以下（弘文堂、2017年4月）

永島賢也

　『争点整理と要件事実——法的三段論法の技術』（青林書院、2017年3月）

藤井俊二

　「コメント2」伊藤滋夫編『債権法改正法案と要件事実［法科大学院要件事実教育研究所報第15号］』77頁以下（日本評論社、2017年3月）

藤井俊二

　「コメント2　レジュメ」伊藤滋夫編『債権法改正法案と要件事実［法科大学院要件事実教育研究所報第15号］』131頁以下（日本評論社、2017年3月）

松本博之

　『証明軽減論と武器対等の原則——要件事実論批判・証明責任分配論と共に』（日本加除出版、2017年7月）

宮﨑朋紀

　「医療訴訟における要件事実の整理に向けての検討」判例タイムズ68巻3号16頁以下（2017年3月）

山野目章夫

　「〔講演1〕売買・贈与・消費貸借・使用貸借・賃貸借・雇用・請負・寄託・保証〈構想される新しい契約規範と訴訟における攻撃防御〉」伊藤滋夫編『債権法改正法案と要件事実［法科大学院要件事実教育研究所報第15号］』6頁以下（日本評論社、2017年3月）

山野目章夫

　「講演1　レジュメ」伊藤滋夫編『債権法改正法案と要件事実［法科大学院要件事実教育研究所報第15号］』94頁以下（日本評論社、2017年3月）

Ⅱ　事実認定論

(1)　民事

太田勝造

「〔報告Ⅱ〕訴訟上の判断——統計学の考え方と事実認定（シンポジウム　民事訴訟への隣接諸科学の応用——和解、心証形成、事実認定を契機に）」民事訴訟雑誌63号150頁以下（2017年3月）

加藤新太郎

「民事事実認定と刑事判決との関連」中央ロー・ジャーナル14巻1号3頁以下（2017年6月）

川端基彦

「コメント②（シンポジウム　民事訴訟への隣接諸科学の応用——和解、心証形成、事実認定を契機に）」民事訴訟雑誌63号194頁以下（2017年3月）

菅原郁夫

「はじめに（シンポジウム　民事訴訟への隣接諸科学の応用——和解、心証形成、事実認定を契機に）」民事訴訟雑誌63号137頁以下（2017年3月）

菅原郁夫

「〔報告Ⅲ〕事実認定と心理学——証人尋問制度の再構成（シンポジウム　民事訴訟への隣接諸科学の応用——和解、心証形成、事実認定を契機に）」民事訴訟雑誌63号171頁以下（2017年3月）

菅原郁夫　ほか

「討論（シンポジウム　民事訴訟への隣接諸科学の応用——和解、心証形成、事実認定を契機に）」民事訴訟雑誌63号197頁以下（2017年3月）

須藤典明

「コメント①（シンポジウム　民事訴訟への隣接諸科学の応用——和解、心証形成、事実認定を契機に）」民事訴訟雑誌63号190頁以下（2017年3月）

髙田昌宏
「〔報告Ⅳ〕民事訴訟法理論における隣接諸科学の意義について——証拠調べと証明を中心として（シンポジウム　民事訴訟への隣接諸科学の応用——和解、心証形成、事実認定を契機に）」民事訴訟雑誌63号180頁以下（2017年3月）

田中豊
「〈講座〉紛争類型別事実認定の考え方と実務㉔（最終回）　相続をめぐる紛争③——遺産分割協議書の真否の認定」市民と法103号85頁以下（2017年2月）

田中豊
『紛争類型別　事実認定の考え方と実務』（民事法研究会、2017年5月）

村田渉 編著
『事実認定体系〈物権編〉』（第一法規、2017年9月）

村田渉 編著
『事実認定体系〈民法総則編〉1』（第一法規、2017年11月）

山田文
「〔報告Ⅰ〕ADR研究からの訴訟上の和解への示唆（シンポジウム　民事訴訟への隣接諸科学の応用——和解、心証形成、事実認定を契機に）」民事訴訟雑誌63号139頁以下（2017年3月）

(2)　刑事
植村立郎
「捜査官と刑事事実認定」研修828号3頁以下（2017年6月）

江見健一

「刑事事実認定重要事例研究ノート（第33回）罪数の評価」警察学論集70巻5号166頁以下（2017年5月）

大西直樹

「刑事事実認定重要事例研究ノート（第35回）覚せい剤の自己使用事案における故意の認定」警察学論集70巻11号155頁以下（2017年11月）

門野博

「『経験則』が事実認定にもたらす諸問題（[特集1]『経験則』に気をつけろ‼）」季刊刑事弁護90号33頁以下（2017年4月）

門野博

『白熱・刑事事実認定——冤罪防止のハンドブック』（青林書院、2017年9月）

髙木順子

「刑事事実認定重要事例研究ノート（第34回）飲酒運転同乗罪の適用範囲と限界——長野地裁平成24年7月5日判決を基に」警察学論集70巻8号168頁以下（2017年8月）

髙橋康明

「刑事事実認定重要事例研究ノート（第31回）オレオレ詐欺事案における受け子の犯罪の成否について」警察学論集70巻3号150頁以下（2017年3月）

髙山巖

「検証・刑事裁判（第5回）原判決の事実認定の根拠は、間接事実の評価や証拠の証明力を誤った不合理なものだとして、控訴審で有罪判決が破棄された事例」自由と正義68巻2号72頁以下（2017年2月）

田村政喜・田中昭行

「殺意、総合認定（実例を題材にした主張整理、事実認定等裁判所の訴訟運営、判断の在り方に関する研究〔大阪刑事実務研究会〕）」判例タイムズ68巻8号42頁以下（2017年8月）

中村光一
「刑事事実認定重要事例研究ノート（第30回）強姦事件における『被害者の同意がなかったこと』の立証について」警察学論集70巻1号147頁以下（2017年1月）

宮村啓太
「検証・刑事裁判（第9回）『高い信用性』を有するとまではいえない証言に依拠して事実認定をした第1審判決及び原判決の判断は論理則、経験則等に照らして不合理であるとした最高裁判決（前編）」自由と正義68巻6号102頁以下（2017年6月）

宮村啓太
「検証・刑事裁判（第10回）『高い信用性』を有するとまではいえない証言に依拠して事実認定をした第1審判決及び原判決の判断は論理則、経験則等に照らして不合理であるとした最高裁判決（後編）」自由と正義68巻7号46頁以下（2017年7月）

虫本良和
「検証・刑事裁判（第4回）DNA型鑑定の科学的解釈を誤って行われた事実認定が『論理則・経験則に反する』として控訴審で破棄された判決」自由と正義68巻1号70頁以下（2017年1月）

山崎学
「刑事裁判例批評（346）銀行支店内の記帳台に置かれた現金等在中の封筒を窃取したとして起訴された事件について、有罪とした第1審判決及びこれを是認した原判決の事実認定が論理則、経験則等に照らして不合理で是認でき

ず、破棄を免れないとされた事例」刑事法ジャーナル53号171頁以下（2017年8月）

山崎優子・山田直子・指宿信
「取調べ手法とカメラアングルの組み合わせが事実認定に与える影響についての予備的実験」立命館人間科学研究35号67頁以下（2017年2月）

吉井隆平
「刑事事実認定重要事例研究ノート（第32回）窃盗罪における占有の有無について」警察学論集70巻4号181頁以下（2017年4月）

(3) その他
須藤典明・清水響 編
『労働事件事実認定重要判決50選』（立花書房、2017年10月）

松崎勝
「証拠と事実認定に関する留意点」季刊公務員関係最新判決と実務問答8号2頁以下（2017年3月）

向井蘭
「裁判例に学ぶ（第31回）セクハラ行為の有無の事実認定について」安全と健康68巻7号670頁以下（2017年7月）

山本守之
「事例から考える租税法解釈のあり方（第5回）税務形式基準と事実認定」税務弘報65巻2号46頁以下（2017年2月）

吉田素栄
「租税法務学会裁決事例研究（第259回）役員給与（賞与）支払の事実認定」税務弘報65巻13号156頁以下（2017年12月）

（本稿は、今年度から、冒頭に示しているように、永井洋士氏との共著とさせていただくこととした。これまでも本稿につき協力者として関わっていた永井氏は、2016年4月1日付で青山学院大学大学院法務研究科助手に就任し、和解契約につき地道に研究を進めつつ、学部における民法（総則・物権、債権）の講義を担当するとともに、法務研究科において法曹養成教育の支援に当たっている気鋭の学者である。〔山﨑敏彦〕）

伊藤滋夫（いとう・しげお）

1932年	名古屋市生まれ
1954年	名古屋大学法学部卒業
1961年	米国ハーバード・ロー・スクール（マスターコース）卒業（LL.M.）
1994年	博士（法学）名城大学

1954年	司法修習生、1956年　東京地・家裁判事補、1966年　東京地裁判事
1995年	東京高裁部総括判事を最後に裁判官を依願退官、弁護士登録（第一東京弁護士会）
2004年	創価大学法科大学院教授
2004年	法科大学院要件事実教育研究所長、2012年～現在　同研究所顧問
2007年	創価大学法科大学院客員教授、2012年　創価大学名誉教授

主要著作

『事実認定の基礎　裁判官による事実判断の構造』（有斐閣、1996年）
『要件事実の基礎　裁判官による法的判断の構造　新版』（有斐閣、2015年）
『要件事実・事実認定入門　裁判官の判断の仕方を考える　補訂版第2刷（補訂）』（有斐閣、2008年）
『基礎法学と実定法学の協働』（法曹養成実務入門講座別巻）（編、信山社、2005年）
『民事要件事実講座　第1巻から第6巻』（総括編集、青林書院、2005～2010年）
『環境法の要件事実［法科大学院要件事実教育研究所報第7号］』（編、日本評論社、2009年）
『債権法改正と要件事実［法科大学院要件事実教育研究所報第8号］』（編、日本評論社、2010年）
『要件事実論と基礎法学』（編著、日本評論社、2010年）
『租税法の要件事実［法科大学院要件事実教育研究所報第9号］』（編、日本評論社、2011年）
『要件事実小辞典』（編著、青林書院、2011年）
『要件事実の機能と事案の解明［法科大学院要件事実教育研究所報第10号］』（編、日本評論社、2012年）
『家事事件の要件事実［法科大学院要件事実教育研究所報第11号］』（編、日本評論社、2013年）
『不動産法と要件事実［法科大学院要件事実教育研究所報第12号］』（編、日本評論社、2014年）
『商事法の要件事実［法科大学院要件事実教育研究所報第13号］』（編、日本評論社、2015年）
『知的財産法の要件事実［法科大学院要件事実教育研究所報第14号］』（編、日本評論社、2016年）
『債権法改正法案と要件事実［法科大学院要件事実教育研究所報第15号］』（編、日本評論社、2017年）
『新民法（債権関係）の要件事実──改正条文と関係条文の徹底解説Ⅰ、Ⅱ』（編著、青林書院、2017年）

基礎法学と要件事実［法科大学院要件事実教育研究所報第16号］

2018年3月20日　第1版第1刷発行

編　者──伊藤滋夫（法科大学院要件事実教育研究所顧問）
発行者──串崎　浩
発行所──株式会社日本評論社
　　　　〒170-8474 東京都豊島区南大塚3-12-4
　　　　電話 03-3987-8621（販売）　FAX03-3987-8590　振替　00100-3-16
印　刷──精文堂印刷
製　本──井上製本所

Printed in Japan © ITO Shigeo 2018　装幀／図工ファイブ
ISBN 978-4-535-52349-4

JCOPY〈（社）出版者著作権管理機構委託出版物〉
本書の無断複写は著作権法上での例外を除き禁じられています。複写される場合は、そのつど事前に、（社）出版者著作権管理機構（電話 03-3513-6969、FAX 03-3513-6979、e-mail: info@jcopy.or.jp）の許諾を得てください。また、本書を代行業者等の第三者に依頼してスキャニング等の行為によりデジタル化することは、個人の家庭内の利用であっても、一切認められておりません。